발도르프학교의

형태그리기수업

FORM DRAWING
All rights reserved Korean translation ⓒ 2023. by Green Seed Publications

발도르프학교의 형태그리기 수업

한스 루돌프 니더호이저 & 마거릿 프로리히 지음　도서출판 푸른씨앗 옮김

1판 1쇄　2015년 2월 5일
1판 3쇄　2023년 11월 30일

펴낸이　[사] 발도르프 청소년 네트워크 도서출판 푸른씨앗

편집 백미경, 최수진, 안빛 | **디자인** 유영란, 문서영
번역 기획 하주현 | **마케팅** 남승희, 김기원, 이연정
등록번호 제 25100-2004-000002호 **등록일자** 2004.11.26.(변경 신고 일자 2011.9.1.)
주소 경기도 의왕시 청계로 189-6　**전화** 031-421-1726 **페이스북** greenseedbook
카카오톡 @도서출판푸른씨앗　**전자우편** gcfreeschool@daum.net

www.greenseed.kr

값 12,000원
ISBN 979-11-86202-00-5 (03410)

발도르프학교의
형태그리기수업

감사의 글

이 책의 출판에 도움을 주신 많은 분이 계십니다.

특별히 형태그리기 수업에 대한 자신들의 방대한 경험을 제게 나누어 주신 스위스 취리히 루돌프 슈타이너 학교의 담임 교사인 한스 니더호이저Hans Neiderhäuser와 슈투트가르트 발도르프학교의 교사인 힐데가르트 베르톨트 안드레아Hildegard Berthold Andrer 부인께 깊은 감사를 드립니다.

또한 그림을 사용할 수 있게 허락해 주신 아르네 브레이드비크Arne Breidvik와 헤르만 키르히너Hermann Kirchner, 제 글을 편집해 주신 글래디스 한Gladays Hahn과 루트 이스트먼Ruth Eastman, 그리고 실제 출판 작업에 조언과 도움을 주신 크리스토퍼 프란체스켈리Christopher Franceschelli에게도 감사를 전합니다.

마거릿 프로리히Margaret Frohlich

차례

서문

발도르프학교 교사들이 형태그리기가 지니고 있는 광범위한 교육적 가능성을 발견하고 그 진가를 이해하는 데 도움을 주고자 이 책을 출판한다. 형태그리기에 대해 루돌프 슈타이너Rudolf Steiner가 제안한 내용들은 다양한 방식으로 사람들의 사고를 자극했고, 광범위한 영역에 영향을 미쳤다. 예를 들어, 한스 니더호이저는 형태그리기에 대한 슈타이너의 조언을 기하학 수업에 응용했다. 또한 형태그리기가 다른 과목과도 연결되어 있음을 강조했다. 안케-우셰 클라우센Anke-Usche Clausen은 저서 『그리기, 보기, 배우기Zeichen, Sehen, Lernen』(Mellinger Verlag, 슈투트가르트, 1968)에서 형태그리기를 예술에 접근하는 방식으로도 사용했다. 헤르만 키르히너 Hermann Kirchner는 이를 치유 작업에 적용하여 지적 장애가 있는 아동을 돕는 데 도입했다. 이 모든 시도는 전적으로 타당하다. 이 모든 분야가 전체를 이루는 중요한 한 부분이기 때문이다. 우리는 형태그리기를 통해 아이가 전인적인 인간으로 성장하도록 돕기 위한 기본적인 교육 수단에 대해 말하고 있다.

이 책의 1부는 발도르프학교의 담임 교사였던 한스 루돌프 니더호이저의 자료로, 실제 교실에서 루돌프 슈타이너의 형태그리기에 대한 지침을 아이들의 성장에 따라 어떻게 훌륭하게 응용, 발전시켜 왔는지를 보여 주고 있다. 2부에서는 영어권 국가들의 요구 사항을 반영하여 추가로 여러 가지 응용 형태와 설명을 담았다.

담임 교사가 형태그리기에 내재한 다양한 요소들을 잘 이해한다면 다른 과목을 가르치는 데에도 도움이 될 것이다. 하지만 담임 교사의 가장 큰 힘의 원천은, 다음의 세 가지 질문을 항상 되새기면서, 그것이 의미하는 바대로 살려고 노력하는 데 있다. 나는 무엇을 하려고 하는가? 나는 그것을 어떻게 하려고 하는가? 왜 그것을 하려고 하는가? 이러한 내적 태도를 가진다면 교사는 자신에게 맡겨진 아이들을 잘 이끌어 줄 수 있을 것이다.

마거릿 프로리히

『발도르프학교의 형태그리기 수업』은 도서출판 푸른씨앗의 번역팀에서 번역한 두 번째 책입니다.

올해로 개교 12년째에 접어드는 청계자유발도르프학교에서는 지금까지 교과 연구를 위해 많은 분들의 헌신적인 노력으로 많은 자료를 번역해 왔습니다. 그 작업은 수업하는 교사뿐 아니라 번역에 참여한 분들에게도 발도르프 교육과 수업의 의미를 이해하는 데 큰 도움을 주었습니다. 하지만 애초부터 출판을 염두에 두고 한 작업이 아니다 보니 많은 사람과 널리 공유하기에는 어려운 점이 많았습니다.

과천자유학교가 청계로 이사를 오면서 청계자유발도르프학교로 이름을 바꾸었고, 그 과정에서 과천자유학교 출판국도 도서출판 푸른씨앗으로 거듭났습니다. 이를 계기로 푸른씨앗은 교과 연구 과정에서 좋은 자료가 나오면 출판하던 소극적 방식에서 벗어나, 발도르프 교육을 알리고 실천하는 데 필요한 자료를 좀 더 적극적으로 기획하여 출판하려고 합니다.

한 사람이 책 한 권을 맡아 번역하는 방식과 더불어 책에 따라 번역팀을 모아 작업하는 방식을 병행하고 있습니다. 이는 그동안 학교에 꾸준히 있었던 번역 모임이 발도르프 교육에 대한 이해를 확산시키는 데 긍정적인 기능을 해 왔다고 여기기 때문입니다.

그 첫 번째 결실이 2013년에 나온『형태그리기 1~4학년』과 이번『발도르프학교의 형태그리기 수업』입니다.

첫 번째 책으로 형태그리기를 선택한 이유는 분명합니다. 형태그리기는 발도르프 교육의 독특한 과목입니다. 발도르프학교에 입학한 아이들은 첫 수업에서 앞으로 12년 동안 배울 모든 내용의 집

약으로 직선과 곡선을 배웁니다. 여기서 알 수 있듯이 형태그리기는 모든 과목과 연결되는 아주 중요한 교육 수단입니다. 발도르프 교육을 실천하고자 하는 사람은 이 두 권의 책을 통해 1학년부터 4, 5학년까지 진행되는 형태그리기 수업에 대한 기본 방향을 가늠할 수 있을 것입니다.

발도르프 교육과 직접 관계가 없는 사람들에게도 이 책은 큰 도움이 될 수 있습니다. 선으로 그린 문양은 동서양을 막론하고 어느 문명에나 존재해 왔습니다. 1학년을 위한 간단한 형태부터 차근차근 따라가면서 꾸준히 연습하다 보면 우리에게 만다라로 익숙한 원형적인 형태 언어를 이해하고, 자연과 세상에 존재하는 창조적 힘을 알아보는 길에 한 걸음 다가갈 수 있으리라 생각합니다.

푸른씨앗의 번역팀은 발도르프 교육과 번역에 관심 있는 모든 분에게 열려 있습니다. 느리지만 함께 이해하고 나누면서 걸어가는 길에 동참해 주실 많은 분을 기다립니다. 바쁜 일상에서 시간을 내어 번역하고, 집과 간식을 제공하고, 함께 모여서 토론하고 말을 고르고 다듬었던 형태그리기 번역팀 송영옥, 장은지, 문성연, 이혜진, 배영아 님께 깊은 감사를 드립니다. 또한 좋은 자료를 많은 사람과 공유하기 위해 어려운 여건에도 애쓰고 있는 출판사 식구들에게도 사랑과 감사를 전합니다.

이 책의 출판에 많은 관심을 갖고 검토하고 도와주신 미국의 머큐리 출판사에도 깊은 감사를 드립니다.

번역팀 하주현

• 일러두기

1부는 취리히 발도르프학교의 담임 교사였던 한스 루돌프 니더호이저(1914~1983)가 형태그리기에 관해 쓴
네 편의 글(『인간의 학교Die Menschen-Schule』특별판, 1970년 2/3호)을 편집자와 작가의 허락을 얻어
마거릿 프로리히가 번역했다.(개정 및 증보)

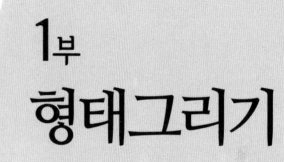

1부

형태그리기

교육과 예술을 위한
루돌프 슈타이너의
새로운 제안

루돌프 슈타이너가 여러 강의에서 새로운 예술 및 교육 수단으로 제안한
형태그리기의 여러 요소와 실제 수업에 적용했던 경험, 기하학의 관계,
생명력과 감각, 도덕성과 사고 능력을 강하게 자극하는 효과에 대해 설명한다.

한스 루돌프 니더호이저
Hans Rudolf Niederhäuser

머리말

루돌프 슈타이너는 현대의 학교 교과 과정에 오이리트미와 형태그리기라는 새로운 영역을 도입했다. 이는 지금까지 존재한 적도 없고, 논의조차 되지 않았던 것들이다.

발도르프학교의 오이리트미와 형태그리기의 본질적 특징을 들여다보면, 그 안에 아이들에게 힘을 주고, 상처를 치유하며, 현대 사회를 살아가는 데 꼭 필요한 내적인 힘을 줄 수 있는 예술적인 방법들이 담겨 있음을 알게 된다.

아이들은 학교에 다니는 내내 일주일에 한두 번씩 오이리트미를 한다. 형태그리기 수업은 1학년부터 5학년까지, 보통 일 년에 2~3번, 2~3주짜리 주기 집중 수업 형태로 주요 수업 시간에 이루어진다. 일 년 내내 매주 정해진 시간에 할 수도 있다.

교사가 형태그리기 수업을 시작할 거라고 알려 주면 아이들은 환호성을 지른다. 분명 형태그리기 수업이 아이들의 내적인 요구를 충족시키기 때문일 것이다. 적극적으로 형태를 창조하고 모양을 다듬으면서, 아이들은 자기 자신 역시 형성하고 다듬게 된다. 이때 자신을 완전히 내려놓고 행위를 하고 창조하는 일에 온전히 몰입하지만, 이런 활동 때문에 정신적으로 소진되지는 않는다. 창조하는 동안 아이들은 자신도 모르는 새에 정반대의 힘을 활발하게 하고 발달시키게 되며, 이런 힘들은 나중에 생각하는 힘으로 아이들 안에서 꽃을 피우게 될 것이다.

　이 책에서 우리는 먼저 루돌프 슈타이너가 여러 강의에서 형태그리기에 대해 했던 말들을 살펴볼 것이고, 거기에 몇 가지 실용적인 제안도 덧붙일 것이다. 그런 다음 기하학의 준비 단계를 위한 형태그리기를, 마지막으로 형태그리기와 다른 과목 간의 수없이 많은, 하지만 잘 드러나지 않은 관계를 살펴보고자 한다.

　형태그리기 과목은 다른 많은 것들과 밀접하게 연결되어 있다. 그러나 이 책에서는 형태그리기만 따로 떼어 내어 그 관점에서만 바라보고자 했다. 피치 못하게 다른 과목과의 풍부하고 다양한 관계와 상호 협력하는 방식을 설명해야 할 때는 부분적으로 부연했다.

I

교육으로서의 형태그리기

루돌프 슈타이너는 세 번의 강의에서 형태그리기에 관해 언급했다. 매번 새로운 요소들을 제시했는데, 여기에 약간의 상상력을 더하면 5학년까지(기하학 수업을 본격적으로 시작하기 전) 수업할 수 있는 큰 틀을 만들 수 있다. 슈타이너는 강의마다 전혀 다른 관점으로 형태그리기를 설명하고 있지만, 그 내용이 서로 배치되지는 않는다. 강의들을 함께 검토하고 나면, 그 내용이 상호보완한다는 사실을 알게 될 것이다.

루돌프 슈타이너는 1919년 슈투트가르트에서 열린 교사를 위한 기초 연수 과정에서 형태그리기의 첫 번째 요소를 제시했다. 8월 23일과 25일에 있었던 세 번째, 네 번째 세미나에서 처음으로 형태그리기에 관해 언급하면서, 아이들의 기질을 교육할 수 있는 수단으로 소개했다.[1] 첫 번째 발도르프학교 교사가 될 세미나 참가자들과 함께 먼저 각 기질에 맞는 형태와 색깔에 대해, 그다음에는 상반된 기질로 넘어가게 하는 방법들을 연구했다. 『교육 예술 2: 발도르프 교육 방법론적 고찰』을 보면 루돌프 슈타이너는 입학한 첫날, 교사는 아이들에게 특정한 색깔 연습과 함께 칠판에 직선과 곡선을 그려 보게 할 것을 제안하며 이 연습들이 가지는 가치와 교육적 의미를 강조했다.

첫날의 단순한 선 그리기 연습과 다음날의 반복 연습은 아이들에게 지워지지 않을 깊은 인상을 남긴다.

형태그리기 관점에서 볼 때, 직선과 곡선이라는 형태의 양극적 원리를 아이들이 스스로 창조하고 느낄 수 있게 하는 수업을 학교 교

---

1. 이 강의집은 『교육 예술 2: 발도르프 교육 방법론적 고찰』(GA 294, 밝은누리, 2009)과 『교육 예술 3: 세미나 논의와 교과 과정 강의』(GA 295, 밝은누리, 2011)로 번역 출판되었다.

육을 시작하는 첫 순간에 배치했다는 것은 주목할 만한 일이다. 영혼의 관점에서 볼 때, 쭉 뻗어 나가는 직선은 사고의 표현이고, 곡선은 의지의 표현이다.(아직은 대칭 연습과 관계가 없다) 두 형태를 연습할 때 곡선과 직선의 양극성을 번갈아 작업하면, 한쪽으로만 굳어지는 위험을 피할 수 있다.

요하네스 케플러Johannes Kepler는 그의 저서 『세상의 조화 Harmonices Mundi』에서 창조적인 우주의 양극성에 관해 말했다. "…태초에 하느님은 흔들림 없는 확신으로 곧은 것과 굽은 것을 선택하여 창조주의 신성함을 세상에 각인시키기 위한 수단으로 삼으셨다." 이어서 "그리하여 전지전능하신 하느님은 그 본성 전체가 직선과 곡선의 양극성을 담고 있는 물질세계를 지으셨다." 입학한 첫날에 1학년 아이들이 행위를 통해 경험하는 것이 이 양극성이다.

루돌프 슈타이너는 여러 차례에 걸쳐 형태그리기를 글자 쓰기를 비롯해 기하학 도입과 연결하게 했다. 그리고 두 번째 교과 과정 강의[1]에서는 1학년에서 그리기 수업을 할 때 직선, 곡선, 각, 나선, 예각, 둔각 등 모든 종류의 선 그리기를 가르치라고 제안했다. 이를 통해 아이들의 섬세한 손놀림이 발달한다. 이런 종류의 그리기 연습은 글씨 쓰기 수업 이전에 진행해야 한다. 이런 선과 형태 연습을 통해 나중에 비슷한 선과 모양을 가진 글자를 쓰는 데 필요한 능력이 자라게 된다.

또한 슈타이너는 교사가 형태를 느끼는 힘을 아이들 안에서 불러일으키도록 노력해야 한다고 반복해서 말했다. 이것이 가능하려면 원이나 타원 같은 곡선으로 이루어진 여러 형태에 대한 느낌을 교사가 자신 안에서 일깨워야 한다. 다른 강의[2]에서 교사는 아이들이 원을 그릴 때 아이들의 전 존재가 그 작업에 참여하고 있다는 사실을,

---

1. 1919년 슈투트가르트 강의, 9월 6일 세미나
2. 1919년 슈투트가르트 강의, 8월 21일 세미나

심지어 눈도 원으로 움직이고 있다는 사실을 인식하고 있어야 한다고까지 말했다.

형태의 굽음, 곧음, 리듬과 운동에 대한 느낌은 루돌프 슈타이너가 첫 번째 괴테아눔[1]에 대해 이야기할 때마다 새로운 예술적 체험으로 일깨우고자 했던 느낌이다.[2] 건물도 단지 겉모습뿐만 아니라, 능동적인 시선으로 그 형태를 자신의 내면에서 재창조해야 한다.

형태에 대한 감각은 새로운 예술적 경험의 핵심이며, 자연 속에 존재하는 형태를 더 생동감 있게 이해할 수 있게 해 주는 감각 기관이 된다. 이렇듯 형태그리기는 광범위한 영역에서 중요한 의미가 있다.

저학년에서는 사각형, 원, 삼각형 같은 것들을 그려 보아야 한다. 루돌프 슈타이너는 『교육 예술 2: 발도르프 교육 방법론적 고찰』의 10번째 강의[3]에서 이렇게 말한다. "…나중에 기하학으로 배우게 되지만 처음에는 맨손 소묘에 국한해야 합니다." "형태 간의 관계를 찾는 기하학 수업은 아홉 살 무렵에야 비로소 시작합니다."

영국 일클리 강의[4]에서는 에테르체의 활동과 관련해서 형태그리기를 설명했다. 낮 동안 에테르체가 받아들인 모든 인상, 특히 그림으로 받아들인 상들이 잠자는 동안 어떻게 그 활동을 이어가는지 그리고 어떻게 온전해지는지 이야기했다. 도움을 줄 수 있는 지점이 바로 이것이다. 형태그리기는 에테르체를 조화롭게 하고, 자극을 주고, 강화한다. 이 효과는 신체에 직접적인 영향을 준다.

슈타이너가 처음으로 대칭의 원리에 대해 언급한 것도 일클리 강

---

1. 스위스 도르나흐에 자리한 인지학 센터 건물. 처음 지은 건물은 화재로 소실되었고 지금 있는 것은 두 번째 괴테아눔이다.

2. 『괴테아눔의 건축적 사고Der Baugedanke Des Goetheanum』(GA 289, Verlag Freies Geistesleben, 슈투트가르트, 1958) 참고

3. 1919년 슈투트가르트 강의, 9월 1일 세미나

4. 1923년 8월 5일~17일, 『현재의 정신적 삶과 교육Gegenwärtiges Geistesleben und Erziehung』(GA 307) 참고

의에서였다. 칠판에 단순한 형태를 하나 그린다.(**그림 1**) 교사는 칠판에 형태의 왼쪽 반을 그리고 아이에게 오른쪽의 미완성인 부분을 완성하라고 한다. "이렇게 함으로써 아이의 내면에 불완전한 것을 완전하게 하려는 강렬한 충동을 불러일으키고, 현실에 대한 올바른 감각을 발달시킬 수 있습니다." 교사에게 남겨진 과제는 상상력과 생생한 사고를 이용하여 새로운 연습을 만들어 내고 단순한 형태에서 점차 더 복잡한 형태로 발전시켜가면서 일정 기간 아이들과 그 형태들을 연습해 보는 것이다.

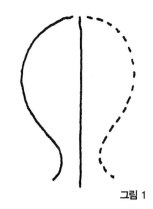

그림 1

이어서 다른 **그림 2**를 그린 후 교사는 아이들이 내면에서 이 형태를 공간적으로 시각화할 수 있도록 노력해야 한다고 설명했다. 슈타이너는 공간적 시각화를 매우 강조하면서 지적인 요소가 이미 강하게 자리 잡은 삼각형 같은 도형으로 시작하지 말고 그림 2 같은 공간적인 상으로 시작해야 한다고 했다. 이렇게 첫 번째 형태를 연습한 뒤, 그림 3처럼 바깥쪽 형태를 변형시킨 다음 아이들에게 "바뀐 바깥 형태에 맞게 안의 형태를 바꾸려면 어떻게 해야 할까?"라고 묻는다. "이제 안팎이 대칭을 이루도록 하기 위해선 볼록한 바깥 형태에 맞춰 안쪽 형태는 오목하게 만들어야 한다는 것을 아이들이 분명히 인식할 수 있게 해야 합니다. 따라서 그림 2처럼 굴곡 없는 곡선은 안팎이 모두 굴곡 없는 곡선이어야 하고, 그림 3처럼 바깥에 볼록한 부분을 가진 곡선이 오면 안쪽은 오목한 부분을 가진 곡선이 와야 대칭이 됩니다."

그림 2

지금까지 형태들은 기본 원칙을 설명하기 위한 것들이다. 슈타이너는 다른 연습을 창조하는 것을 교사의 자유와 상상의 몫으로 남겨 놓았다. 필요하다면 교사는 훨씬 더 쉬운 형태부터 시작할 수도 있고, 같은 원칙으로 복잡한 형태들을 만들어 낼 수도 있다. "이런 연습을 통해 교사는 아이들에게 비대칭적인 대칭을 시각적 상으로 떠올릴 가

그림 3

능성을 일깨웁니다. 그리고 이런 식으로 낮 동안 에테르체를 참여시키면, 밤에 자는 동안 에테르체는 낮의 활동을 계속 이어가면서 깨어 있는 시간 동안 불완전했던 부분을 완전하게 만드는 작업을 계속해 나갈 수 있습니다. 그러면 아이들은 아침에 에테르체는 물론 물질 육체 역시 유기체처럼 속속들이 생생해진 상태로 잠에서 깨게 됩니다. 이는 인간에게 말할 수 없이 큰 생명력을 불어넣어 줄 것입니다."

같은 강의에서 루돌프 슈타이너는 새로운 주제를 제시하면서, 다음과 같은 과정으로 형태를 변형시켜 보라고 제안했다. 먼저 차분한 외부 형태와 밖으로 대담하게 밀어내는 내부 형태가 조화를 이루게 그림을 그린다.(그림 4) 이제 모티브를 변형시켜 안팎을 뒤집는다. 이것은 수학적인 변형이라기보다는 힘의 역동에 따른 변형이다. 이제 바깥 형태는 쌍곡선 모양으로 무한을 향해 뻗어 나가고, 역치가 가진 힘의 원리에 따라 안쪽 형태는 씨앗 모양으로 수축하면서 다시 한 번 안팎의 형태는 균형을 찾는다.(그림 5)

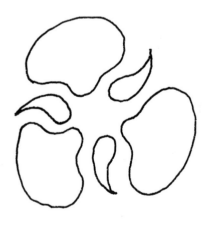

그림 4

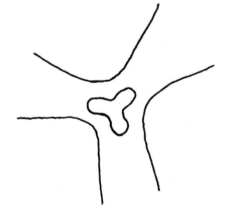

그림 5

영국 토키 강의[1]에서 슈타이너는 다시 한 번 형태그리기의 대칭 연습에 관해 언급하였다.

여기서는 복잡한 형태의 수직 대칭과 함께 8, 9세 아이들을 위한 새로운 요소로 물 위에 상이 반사되는 수평 대칭을 소개했다.(그림 6) "아이들이 처음에는 수평 대칭 연습을 어려워하겠지만, 점차 적응할 것입니다. 그리고 이 연습을 통해 사물을 관찰할 때 사고력이 더욱 증가하고 사고 안에서 심상이 더욱 발달할 것입니다. 사고는 전적으로 이미지의 영역 안에 머물게 될 것입니다." 루돌프 슈타이너는 이 강의에서 이미지에서 사고가 어떻게 발달하는지를 다양한 예와 연결하여 강조한다. "이는 특히 어린아이(여기서는 1, 2학년의 아이들을 의미한다)의 경우, 영혼 안에서 고립되어 작용하는 지성, 지능이 아직 개발되어선 안 된다는 것을 의미합니다. 아이들의 사고는 시각적인 것, 그림적인 것을 통해 성장해야 합니다."

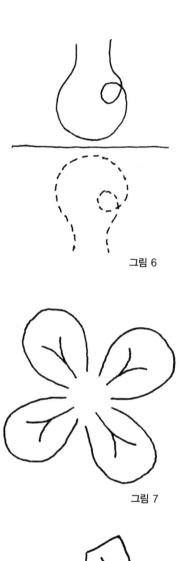

그림 6

계속해서 8세 아이들을 위한 또 다른 연습을 제시했다. 이 방법은 일클리 강의에서 말했던 것과 비슷하지만 그보다 훨씬 단순하다.(그림 7) 이번에도 외부 형태를 변형시키는데, 외부 형태를 각진 모양으로 바꾼 다음, 아이들에게 그에 상응하는 내부 형태를 스스로 찾아 새로운 조화를 만들게 한다.(그림 8) "이런 방식은 아이들에게 형태에 대한 실제적인 느낌, 조화에 대한 느낌, 대칭에 대한, 관계에 대한 느낌을 일깨워 줍니다.""교사는 주변 세상에 존재하는 조화를 향해 아이들을 안내할 수 있습니다."

그림 7

루돌프 슈타이너의 여러 제안을 꼼꼼히 읽고 공부하다 보면, 새로운 교육 방법에 대한 자신만의 길에 대해, 교육 전반에 대해 끊임없이 샘솟는 자극을 받을 수 있다. 이런 아이디어를 실제로 적용해 본

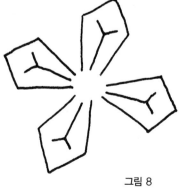

그림 8

1. 1924년 8월12일~20일, 『7~14세를 위한 교육 예술Die Kunst des Erziehens aus dem Erfassen der Menschenwesenheit』(GA 311, 푸른씨앗, 2022) 참고

교사들은 그 속에 있는 생각을 자극하는 힘, 활력을 북돋우고 영감을 주는 힘이 가장 먼저 자기 자신에게 영향을 미친다는 사실을 경험한다. 심지어 자신의 호흡에도 좋은 변화가 일어난다는 것을 인식하게 된다. 그러면서 더욱 여유로워지고, 사고는 유연해지고 상상력에 날개가 달린다.

겉으로 보기에 단순한 이런 연습들은 루돌프 슈타이너가 예술 전반, 특히 조형 예술 분야에 불어넣은 새로운 힘에서 생겨난 것이다. 교사가 이해하고 연습해야 할 형태들은 첫 번째 괴테아눔의 형태 속에서 본질적으로 드러나고 느낄 수 있는 새로운 예술적 동력에서 나왔다. 이 살아 있는 샘물이 없다면, 형태에 대한 새로운 예술적 경험이 없다면, 변형이 무엇인지 생각해 보고 숙고하며 공부하는 노력이 없다면, 형태그리기는 최고의 교수 방법으로 수업한다 하더라도 곧 속이 텅 빈 껍데기, 내용 없는 형식으로 굳어져 버릴 것이다.

좀 더 적극적인 교사는 칼 켐퍼Carl Kemper와 동료들이 출간한 『건축Der Bau』(Verlag Freies Geistesleben, 슈투트가르트, 1966)을 읽어 보기 바란다. 생각을 자극하는 아이디어를 많이 발견할 수 있을 것이며, 또한 첫 번째 괴테아눔의 형태를 내면에서 살아나게 하는 데 실용적인 도움을 줄 것이다. 이 책에는 수많은 보물이 담겨 있지만 하나만 꼽자면, 기둥머리 장식의 변형과 그것이 인장 형태로 변형되는 과정에 대한 켐퍼의 스케치다. 이 스케치는 헤아릴 수 없이 큰 가치를 지닌다.

Ⅱ

교사의 수업을 위한 제안

발도르프 교육의 특징은 모든 것을 성장하는 존재 자체에서 이끌어
내는 것이라 설명할 수 있다. 예를 들어, 쓰기를 가르칠 때 오늘날 일
반적으로 사용하고 있는 문자 체계부터 가르치지 않고, 그림에서 글
자가 나오게 하는 식으로 수업한다. 이런 방식은 문자가 지금까지 발
달해 온 전 과정을 아이들이 경험할 수 있게 한다. 같은 맥락에서 기
하학 수업도 오늘날 일반적으로 하듯이 7학년이나 8학년에서 유클
리드 기하학으로 시작하지 않는다. 기하학 수업은 1학년에서 이미 형
태그리기로 시작된다. 형태그리기는 기하학에 내재해 있는 창조의 힘
이다. 그래서 기하학을 오직 머리, 즉 추상적 사고로만 접근하지 않
고, 아이의 의지를 활발하게 하는 것으로 시작하여, 점차 순수한 사
고의 영역으로 끌어올린다.

칠판이나 종이 위에 수직선 또는 수평선을 맨손으로 그리는 것은
1학년 아이에게 대단히 힘든 일이다. 선을 그리면서 아이는 기하학에
내재해 있으며, 동시에 자신의 몸속에도 살아 있고, 아직도 그 몸을
형성하고 있는 힘들을 활발하게 한다.

아이들과 대칭 연습(한쪽 형태를 제시하고 그와 상응하는 형태를 그
리게 하는)을 할 때 교사는 균형의 힘을 계속 자극하는 것이다. 그것
은 아이들이 스스로 직립할 수 있게 해 주었던 힘이며, 걸음마를 배
울 때 사용했던 힘이다.

루돌프 슈타이너가 형태그리기의 도입으로 제안했던 대칭 연습은
겉보기에는 단순해 보인다. 그러나 대칭 연습이 가진 형성력은 머리
로 이해하거나 눈으로 봐서는 전혀 가늠할 수 없다. 이 힘이 얼마나
깊숙이 영향을 미치며 자극을 주는가를 인식하기 위해서는 교사도

아이들과 함께 계속 반복해서 연습해야 한다. 그러다 보면 수직축의 좌우 대칭 연습과 수평축의 상하 대칭 연습이 얼마나 다른지도 느끼게 될 것이다. 교사는 이 차이점들을 주의 깊게 살펴야 하며, 이 형태들을 자신의 수업 계획에서 적절한 순서로 배치해서 사용해야 한다. 또한 왼쪽-오른쪽 대칭과 함께 가끔은 오른쪽-왼쪽 대칭으로 바꾸는 것도 잊어서는 안 된다.

두 대칭축을 결합하면 새로운 형태그리기 연습이 된다. 예를 들어 (2학년 무렵에) 교사는 십자 축을 중심으로 자유롭게 움직이는 사방 대칭 형태를 그려 볼 수 있다. **그림 9**는 사방 대칭의 한 예다. 이 형태 연습에서 중요한 것은 중심을 염두에 두지 않고 그린다는 것이다.

중심 대칭 형태는 9세 아이들을 위한 특별한 연습으로 이용해 볼 수 있다. 3학년(9~10세)이라는 나이는 아이들이 '나'와 '세상', 그리고 내면과 외부 사이의 차이를 깊이 느끼는 위기의 시기이다. 이때는 아이들과 원을 그려 보는 것이 좋다. 어떤 도구도 이용하지 않고 맨손으로 먼저 원을 그린 다음에 중심을 표시하거나, 반대로 중심을 표시한 후 그 주위에 원을 그린다. 이 간단한 연습을 토대로, 원의 둘레와 원의 중심이 교차하고 겹치면서 생겨나는 다양한 원들을 만들어 볼 수 있다. 나선도 그려 보자. 안으로 들어오거나 바깥으로 나가는 나선 그리기에는 균형을 찾게 해 주는 힘이 있다. 아이들은 오이리트미 수업 시간에 나선 형태를 많이 연습했기 때문에 익숙하다. 또 중심 대칭 연습도, 아주 간단한 형태에서 시작해 슈타이너가 일클리와 토키 강의에서 소개했던 복잡한 형태로 점차 발전시켜 본다.

다음 연습들도 아주 유용하다. 종이 위에 원을 그리는데 일반적인 방식대로 전체를 느끼며 한 번에 휙 그리는 것이 아니라 크레용의 넓은 부분을 이용해서 면으로 원의 형태를 만들어가는 것이다. 바깥부터 색칠해 들어와 종이에 색칠하지 않은 공간이 동그란 원으로 남게

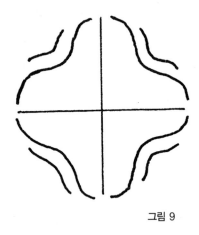

그림 9

한다. 이것은 바깥에서부터 원을 만드는 방식이다. 다음엔 다른 종이에 반대 방향으로 진행하며 원을 그린다. 즉, 원 중심부부터 면으로 색칠하면서 원을 만들고, 이 원이 밖으로 계속 커지게 한다. 이런 방식으로 원을 가로누운 형태와 세로 선 형태들로 그려 보는 것도 아주 멋진 경험이며 동시에 새로운 느낌을 받게 될 것이다.

여기서 9, 10세 아이들이 겪는 위기와 관련해 원 그리기와 중심 대칭 그리기를 강조했다고 해서, 그 나이 전에는 절대로 원을 그려서는 안 된다고 주장할 의도는 전혀 없다. 당연히 그전에도 그릴 수 있고 또 그려야 한다! 중요한 것은 어떤 연습이 아이의 영혼 상태에 강한 자극을 줄 수 있는지 또 그 시기가 언제인지 주의 깊게 살피고, 그리고 그 기회를 잘 활용하는 것이다.

똑같은 연습이 나이에 따라 전혀 다른 느낌을 줄 수 있다는 것은 치유의 영역에 속한 원리다. 전적으로 비지성적인 영역에 속한 것이기 때문에 연습할 때마다 그 형태들은 매번 새로운 모습을 보여 줄 것이다. 수직선을 생각해 보자. 곧은 선 그리기는 절대로 1학년에만 국한된 연습이 아니다. 수직과 수평 연습은 매번 새롭고 늘 어려운 일이다. 수직선, 수평선, 원 같은 기하학의 기본 형태들은 학년과 상관없이 아이들의 형성력을 자극하고 활발하게 하는, 살아 있는 원형의 상들이다.

루돌프 슈타이너는 일클리와 토키 강의에서 중심 대칭을 뛰어넘는 완전히 새로운 요소를 제안했다. 이는 내부와 외부 그리고 외부와 내부가 서로 조화를 이루는 데 중점을 둔 연습이다. 슈타이너가 '내적 대칭inner symmetry'이라 부른 이 대칭은 내부-외부, 외부-내부의 힘의 상호 작용이 주요 관건이다. 이를 역동적 대칭이라고도 부를 수 있다. 여기서 중요한 것은 내부, 외부의 두 형태가 서로 똑같이 움직이며 동등한 관계를 유지하느냐가 아니다. 이때 중요한 것은 눈에 보이지 않는 힘이 원 주위에서 자유롭게 펼치며 생기는 안팎의 상호 작용, 역동적 긴장으로 가득 찬 작용과 반작용이다. 작용과 반작용을 통해, 그 움직임의 절정에서 조화가 탄생한다. 이런 연습은 특히 유연한 사고와 상상력을 발달시키기에 더없이 좋다.

　상상력과 살아 있는 상 떠올리기를 훈련하고자 한다면 루이스 로커-에른스트Louis Locher-Ernst가 쓴 『자유로운 기하학에서 균등한 곡선 그리기 입문Einführung In Die Freie Geometrie Ebener Kurven』(Birkhäuser, 스위스 바젤)을 추천한다. 이 책에는 변형뿐만 아니라 예술적이며 수학적인 접근에서 나온 형태와 그 역상에 대한 수많은 사례가 담겨 있다. 맛보기로 세 가지 예를 소개한다.

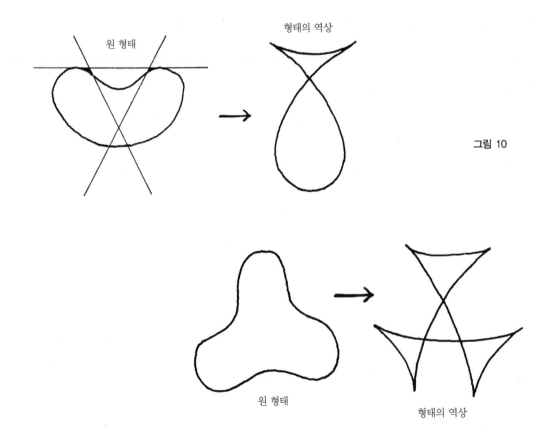

원 형태

형태의 역상

그림 10

원 형태

형태의 역상

그림 10은 아홉 쌍의 변형 중 첫 번째 변형이다. 이런 형태들과 그 역상은 상급에서 실용 디자인을 할 때 이용할 수 있다. 상급 정도의 학생들은 이 형태들을 응용하는 데 필요한 상상의 힘을 갖고 있을 것이기 때문이다. 그림 11 같은 간단한 그림을 통해서도 변형의 역동성을 파악할 수 있다. 이런 모티브는 9세 아이들과도 그려 볼 수 있다.

그림 12는 내적인 유연성을 주는 연습으로, 빠르면 2학년 수업에도 사용할 수 있다. 두 가지 색깔을 이용해서 그리면 형태의 변형을 더욱 분명하게 느낄 수 있다. 안쪽은 초록, 바깥쪽은 빨강으로 칠할 수도 있고, 노랑과 파랑을 이용할 수도 있다. 실선에는 조금씩 위로 밀어 올리는 추진력이 집중되어 있다. 변형의 마지막에선 안쪽에 있던 점선이 외부가 되고 바깥쪽에 있던 실선이 내부가 된다. 마침내 안과 밖이 뒤바뀌었을 때 아이들은 기쁨의 함성을 지른다. 이를 통해 아이들은 가장 단순한 형태의 뒤집기를 만난다.

그림 11

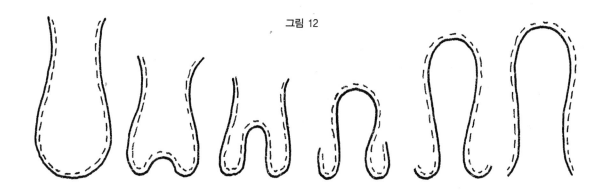

그림 12

변형에 대한 또 다른 예를 살펴보자.(**그림 13**) 이 연습을 통해 우리는 5학년에서 배울 식물학과 자연과 자연의 법칙에 대해 살아 있는 민감한 인식을 일깨우는 데 있어, 가장 아름다운 준비 작업이 되어 줄 힘의 영역으로 들어가게 된다.[1]

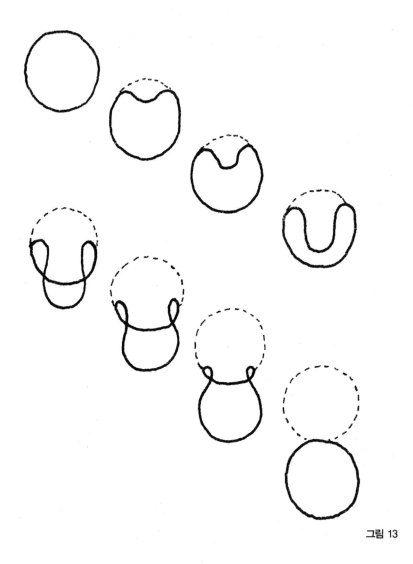

그림 13

---

1. 『형태그리기 1~4학년Form Drawing Grades One through Four』(에른스트 슈베르트/ 로라 엠브리-스타인, 푸른씨앗, 2013) 18~19쪽 참고. 내부와 외부, 힘의 변형이 어떻게 이루어지는지 잘 보여 준다.

5학년의 교과 과정은 아이들이 신화, 전설, 역사를 통해 그리스 문화에 대한 상을 가질 수 있도록 구성되어 있다. 이를 뒷받침하기 위해서 형태그리기 시간에 안으로 향하는 나선과 밖으로 향하는 나선을 기본으로 하는 수많은 형태를 그려 볼 수 있다. 그리스인들은 이런 모티브들을 실용 예술에서 광범위하게 사용했다.(그림 14)

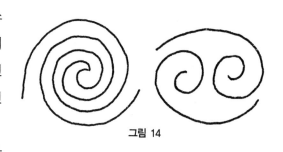

그림 14

그림 15는 조화와 균형을 찾는 연습이다. 이 움직임을 여러 번 반복했을 때 특히 그 효과가 커진다. 제일 안쪽에 자리 잡은 가장 작은 나선이 바깥쪽의 가장 큰 나선으로 넘어간다. 이런 양극성 속에서, 형태의 크기는 첫 획을 긋는 순간 이미 결정된다. 그다음에는 몇 번 위아래를 오가고 싶으냐에 따라 형태가 발전되다가, 형태의 균형을 넘어서는 순간 작고 큰 나선의 관계는 역전된다.

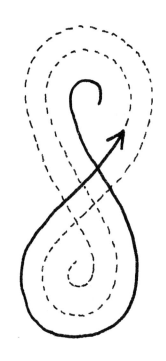
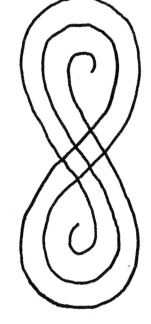

그림 15

처음엔 내부 형태만 몇 번이고 반복해서 연습한다.(2줄, 3줄, 4줄 나선이 자유롭게 연결되는 대칭 형태) 그 연습이 어느 정도 끝나고 나면 단순하면서도 내부 형태와 잘 어울리는 바깥 테두리를 찾는 작업을 한다.(그림 16, 17)

아주 멋진 작업인 동시에 아이들에게 개별 과제로 줄 수 있는 연습이 있다. 이 모티브를 각진 직선으로 변형시키는 것이다.(그림 18)

아이들에게 아가멤논의 보물(아테네 국립 박물관 소장)이라고도 불리는 장신구나 방패에서 어느 정도 이런 형태와 연결된다 싶은 장식을 찾아보게 하는 것도 신나는 일이 될 것이다.(그림 19)

그림 16

그림 17

그림 18

그림 19

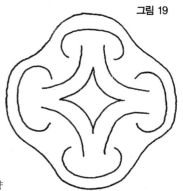

크레타 미케네 문양

28

아이들이 그리스 형태들을 어느 정도 이해하고 받아들일 수 있게
되면, 아이들의 관심을 그리스 장신구 쪽으로 옮겨 보는 것도 좋다.
하지만 여기서 잊지 말아야 할 것이 있다. 아이들이 문양들을 내적으
로 소화하지 않고 그대로 베끼기만 한다면, 상투적이고 인위적으로
되기 쉽다. 하지만 아이들 특유의 역동성과 움직임의 요소를 통해 자
유롭게 그 형태를 재창조하게 한다면 이런 위험에서 벗어날 수 있다.

그림 20

예를 들어 꽃봉오리와 꽃이라는 단순한 모티브를 오이리트미에서
했던 수축과 확장 연습에 상응하는 방식으로 발전시키는 것이다.(그
림 20) 이 형태는 파랑–보라와 노랑–빨강처럼 대비되는 두 가지 색으
로 도안해 보자. 이처럼 간단한 형태들을 출발점으로 삼아 다른 많은
영역으로 나아갈 수 있다. 꽃봉오리와 꽃의 모티브는 그리스 예술에
서 자주 발견되는 것이지만, 여기서 우리는 완전히 새로운 방식으로
이 모티브에 도달한 것이다.

꼬임 리본 장신구 디자인은 아이들의 다른 힘들과 관계가 있다.
이 형태는 4학년 무렵, 북유럽의 신화와 문화 수업에 연계하여 소개
한다. 켈트 문화와 롬바드 문화에서 이런 꼬임의 형태를 아주 다양하
게 볼 수 있기 때문이다. 이런 형태들을 자유롭게 변형시키거나, 연습
삼아 그대로 그려 보아도 좋다.(**그림 21**)

그림 21

그림 22

　　오각 형태를 변형시킨다면, 방향을 안쪽으로 또는 바깥쪽으로 바꾸고, 곡선을 직선으로, 직선을 곡선으로 바꾸어 볼 수도 있다.(그림 22) 형태그리기를 뛰어나게 잘하는 아이들에게 개별 과제로 줄 수 있는 연습이 있다. 오각 형태 모티브를 삼각이나 사각으로 바꾸어 보는 것이다.

　　또는 이 형태들을 아직 완전하지 않은 내부 형태로 보고, 아이들에게 이 내부 형태를 잘 감쌀 수 있는 외부 형태를 찾아보라는 과제를 줄 수도 있다. 이는 '불완전한 것을 완전하게 만들기' 연습을 새로운 방식으로 되풀이하는 것이다.

　　꼬임 리본 형태로 그리려면 분별력이 필요하다. 하지만 이때의 분별력은 지적인 것이 아니라, 전적으로 손끝의 감각이어야 한다. 예쁜 색깔의 리본을 직접 엮는 듯, 리본이 아래위로 들어갔다 나왔다 하는 것을 손끝으로 느끼듯이 그려야 한다. 이런 꼬임 형태와 더 복잡한 형태들을 연습하다 보면 손가락 끝에 섬세한 분별력과 영민함이 깨어나게 된다. 물론 이 연습에도 인간 구성체 전체가 함께한다. 그래서 손끝의 섬세한 느낌이 깨어나면서 아이들의 사고 역시 깨어나게 된다.

꼬임 모티브는 꼭 4학년에만 국한된 것은 아니다. 하지만 4학년
에서 꼬임 형태를 하면 그 나이에 아직 깨어나지 않은 지성을 건강
하게 형성시키는 동시에 각성시키는 효과가 있다. 4학년 이후에도 다
른 맥락에서 사용할 수 있음은 물론이다.(그림 23) 형태그리기에서 색
을 사용하는 것에 대해 몇 마디 덧붙이고자 한다. 형태와 색이 완벽
하게 조화를 이룰 때 아름다움이 완성된다는 것은 공식화해서 말하
긴 쉽다. 하지만 소수의 아이를 제외하고는 아직 형태와 색채의 언어
에 대해 뚜렷하게 예술적으로 느끼지 못하는 경우가 대부분이다. 모
두가 각자의 취향에 따라 색을 선택할 수밖에 없다. 만일 아이들에
게 색의 선택권을 넘겨준다면, 조용히 확신한 아이가 선뜻, 쉽고 즐
겁게 색을 고를 것이고, 그걸 보고 반 전체가 자극을 받을 것이다. 이
럴 경우 아이들 대부분은 마음 내키는 대로 색을 고를 것이고 형태
는 조잡해질 것이다.

그렇다면 교사는 어떤 방향으로 이끌어야 할까? 무엇보다 형태는
지금은 멈추어 있지만 사실은 움직이는 것이라고 여겨야 한다. 색깔
때문에 이 특성이 묻혀 버려선 안 된다. 움직임의 느낌과 특성을 색
깔을 통해 한층 더 강조할 수 있어야 한다. 색이 있는 종이에 그림을
그리고, 그 형태를 또 다른 적절한 색깔로 칠하는 것도 좋다. 만일 아
이들이 형태그리기를 하고 나서 색을 칠하고 싶어 한다면, 색을 칠한
배경이 형태를 더 분명하게 드러내도록 아이들을 안내해야 한다. 이
런 작업에는 넓은 사각 크레용이 좋다. 선이 아니라 면으로 칠하기에
적당하기 때문이다. 가끔 원래 형태 주변에 열심히 선을 덧그리는 아
이들이 있다. 여러 색깔의 크레용으로 반복해서 형태 그 자체나 색의
특성과 아무 상관 없는 움직임으로 선을 겹겹이 덧칠한다. 이것은 형
태그리기의 목적에 어긋난다.

아이들이 무슨 일을 할 때 함부로 하지 않고 정성을 다해 작업하

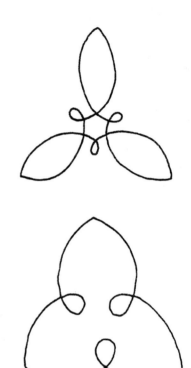

그림 23

는 습관을 들이게 하는 것은 바람직한 정도가 아니라 반드시 그렇게 하게 가르쳐야 하는 일이다. 특별한 목적이 있는 경우가 아니라면, 이런 식으로 색칠하지 않게 하는 것이 좋다.

형태 안의 공간을 '색깔로 채워 넣는 것'은 무의미한 놀이로 전락하기 쉬울 뿐만 아니라 심지어 타성에 빠지게 될 수도 있다. 이는 '예술적'이라는 말의 의미에 대한 이해가 부족할 때 나올 수 있는 행동으로 단순히 시간을 낭비하는 것 이상으로 해롭다.

Ⅲ

기하학 도입

도구 없이 그린 지금까지의 형태그리기는 모두 기하학의 도입이라고 볼 수 있다. 물론 다른 쓰임도 있다. 아이들은 모든 학년에서 원, 사각형, 정삼각형 같은 기본적인 기하 형태와 이 형태들의 조합(예를 들어 두 개의 정삼각형을 교차시켜 육각 별을 만들거나, 하나의 사각형 안에 다른 사각형을 내접시키는 등)을 연습해 왔다. 오각 별과 오각형, 칠각 별과 칠각형도 그려 보았다. 아이들은 삼각형, 사각형, 별이 각각 어떻게 다른지를 느낄 수 있어야 한다. 6학년까지는 어떤 도구도 사용하지 않고 맨손으로 그리는 것이 교육적으로 중요한 의미가 있다. 연필로 길이를 재 보아서도 안 된다. 균형 감각과 조화에 대한 느낌을 살려서 눈으로만 길이를 가늠해야 한다. 컴퍼스를 이용하기 전에 손과 팔을 돌려 원을 그릴 수 있어야 한다.

여기에 저학년 때 발가락 사이에 크레용을 끼우고 발로 형태를 그리는 연습을 했다면, 손과 발이 민첩해질 뿐만 아니라 자신의 의지를 통해 그 연습을 자기 안으로 더 깊이 가져올 수 있었을 것이다. 예술적인 교육 수단을 이용하여 아이들의 내적 참여를 더욱 강화하는 것은 특히 오늘날 아이들에게 정말 중요하고, 꼭 필요한 일이다.

5학년부터 형태그리기에서 본격적인 기하학 수업으로 넘어가기 시작한다. 이 전환은 아이들이 지금껏 그려왔던 기본적인 기하 형태들 안에 내재한 관계와 법칙을 관찰하는 방식으로 이루어진다. 예를 들어 정삼각형 안에 또 다른 정삼각형을 거꾸로 세워 놓은 그림에서 여러 가지 기하 법칙과 관계를 찾아보게 한다.(**그림 24**) 이런 연습을 사각형이나 다른 도형들을 가지고도 해 볼 수 있다. 지금까지 여러 학년에 걸쳐 연습을 해 왔기 때문에 이 단순한 (하지만 그 안에 많은 법

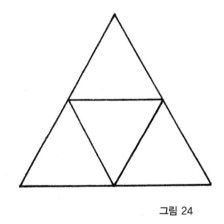

그림 24

칙을 감추고 있는) 기하 형태는 아이들 안에 들어와 능력으로 변형되어 사지에 녹아들어 있다. 그래서 5학년이 되면 아이들은 다양한 형태에서 기하학 법칙으로 드러나는 것을 관찰하고, 토론하고, 비교할 수 있다. 교사는 이 내용을 가장 쉽고 단순한 형태로 공식화해서 아이들의 의식으로 끌어올린다.

예를 하나 들어 보자. 먼저 아이들에게 두 개의 정삼각형을 교차해서 그리게 한다.(그림 25) 다음 날에 전날 그렸던 형태를 보면서 여러 사실을 관찰, 분석, 비교한다. 아이들은 여기서 만들어진 모든 삼각형의 크기는 똑같다거나, 꼭짓점들을 연결하면 육각형이 된다는 등을 발견할 것이다. 그러면 이런 의문이 생긴다. 육각형을 그릴 때 새로 생겨난 둔각 삼각형의 크기는 어떨까? 몇몇 아이들이 균형 감각을 통해 정삼각형과 크기가 같다고 자신 있게 말한다. 그러면 교사가 아이의 확신을 시험하듯이 "그래? 정말일까?"라고 질문한다. 이제 증명이 필요한 순간이 왔기 때문이다. 몇몇 학생이 앞으로 나와 굵은 선(그림 25의 점선)을 하나 긋는다. 이제 두 삼각형 크기가 같다는 것을 모든 아이가 눈으로 확인할 수 있다.

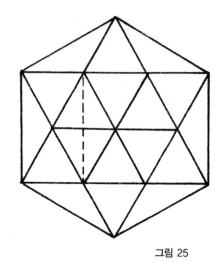

그림 25

이런 방식으로 아이들은 유클리드 기하학 이론을 증명한 뒤에 작도하는 추상적인 방법이 아니라, 그 나이와 수준에 맞게 배운다. 지금까지 배운 것을 토대로 스스로 (물론 교사의 도움을 받아) 법칙을 발견해 낸다는 표현이 더 적절할 것이다. 온전한 형태에서 그 형태에 담긴 기본 법칙들을 추출해 내는 것이다. 아직은 사고를 통한 증명을 요구하지 않는다. 그 이유는 간단하다. 아이들이 지금까지 배웠던 것, 해 왔던 것만으로 이야기하기 때문이며, 이때 아이들에게는 모든 것이 확실하다.

이런 방법으로 기하학을 상당히 깊은 내용까지 다룰 수 있다. 한 번의 기하학 수업에서 얼마나 깊이 나갈 수 있는가를 보여 주는 예를 하나 제시하겠다.

우선 정사각형을 하나 그린 뒤, 안쪽에 대각선을 두 개 그려 넣는다. 그 결과로 사각형 안쪽에 생긴 직각 이등변 삼각형 네 개를 사방으로 펼친다.(그림 26) 이제 작은 사각형 네 개가 생겨난다. 그 사각형 중 두 개(예를 들어 왼쪽 것과 오른쪽 것)를 선택해 보자. 둘 다 각각 두 개의 직각 이등변 삼각형으로 이루어져 있으며, 둘을 합하면 원래 사각형과 크기가 같다. 접었다 폈다 할 수 있도록 종이로 만들어 보는 것도 좋다. 그러면 점선으로 그린 사각형이 원래의 것과 완벽하게 일치하는 것을 알 수 있다. 작은 사각형들도 마찬가지다. 이런 식으로 관찰하고 비교하면서 아이들은 자신도 모르게 피타고라스 정리에 도달하게 된다. 물론 이 그림은 직각 이등변 삼각형의 경우에만 해당한다. 아이들이 그림 26에서 피타고라스 정리를 찾을 수 있게 교사는 삼각형 하나를 색칠해서 두드러지게 한다. 그러면 양옆의 사각형과 빗변을 한 변으로 하는 정사각형이 즉시 분명하게 보이게 된다.

이 밖에도 기하학 수업은 다양한 방식으로 진행할 수 있다. 여기서 보여 주고자 하는 것은, 나중에는 결국 연관되어 서로 증명하는 이론의 구조로 드러날 것을 처음에는 인간 내면의 기하학적 활동에서 이끌어내야 한다는 사실이다.

그리고 한층 깊은 사고의 영역에서 조금 더 체계적으로 구축되는 두 번째 단계는 능동적인 행위로 이루어진 첫 번째 단계 다음에 와야 한다. 5학년에서 아이들이 앞서 설명한 방식으로 처음 피타고라스 정리를 만난 다음, 교사는 7학년 때 이를 더 자세히 배우게 될 거라고 말해 준다. 아이들에게 기대감이 생겨난다. 사실 7학년이 되면 이때 배웠던 것들은 다 잊어버릴 것이다. 하지만 잊었기 때문에 그 배움은 변형되고, 완전해지며, 자기 것이 될 수 있다. 아이들이 5학년 때 기하학의 관계로 배웠던 내용은 2년 후에 다시 생생히 살아난다. 이때

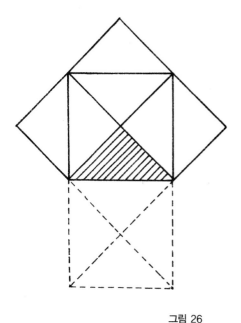

그림 26

는 접근 방법이 완전히 달라지기 때문에 아이들은 한 번도 들어본 적이 없었던 것처럼 대할 것이다. 오히려 그 때문에 아이들은 더욱 흥미롭게 듣게 되고, 그 관심으로 7학년 때는 짧은 시간 안에 많은 내용을 소화하는 것이 가능해진다.

7학년 기하학 수업에서는 증명을 시작한다. 이는 두 가지 방식으로 진행할 수 있다. 고전적인 방법을 택해, 이미 증명된 이론과 공리에서 나온 엄격한 사고로 증명을 수립할 수도 있고, 아이들에게 움직임의 측면에서 법칙이 확실히 눈에 보이게 할 수도 있다. 두 번째 방법으로 시작해서 첫 번째 방법으로 나아가는 것이 좋다. 특히 복잡한 증명일수록 더욱 그렇다.

아이들은 입학 후 내내 오이리트미 수업에서 움직임을 배웠고 (중간 학년 때는 오이리트미에 별로 열정을 보이지 않기도 하지만!), 이를 통해 아이들의 감각과 사고는 유연성을 갖게 되었다. 이는 교사에게 그 살아 있는 힘을 이용하는 수업, 움직임의 관점에서 가능한 한 많은 증명을 이끌어 내는 수업을 할 수 있는 토대가 되는 동시에 그렇게 수업을 이끌지 않을 수 없는 이유가 된다.

예를 들어 교사가 원에서 지름을 한 변으로 내접하는 삼각형의 내접각(지름과 마주 보는 각)은 모두 직각이 된다는 것을 보여 주려 한다고 하자. 우선 원 위에 다른 두 점을 연결해 밑변을 만들고 내접한 점과 원의 중심을 꼭짓점으로 하는 삼각형 2개를 그린다.(그림 27에서 실선과 점선) 그리고 밑변을 점점 늘인다. 그러면 꼭지각이 현을 따라 변하게 될 것이다. 밑변이 지름에 가까워질수록, 중심각은 둔각이 되고(점선 삼각형), 처음엔 뾰족했던 내접각의 크기는 점점 커진다(실선 삼각형). 밑변이 원의 중심을 지날 때, 중심각은 평각(180°)이 되고 내접각은 직각이 된다.

위의 그림을 이어가다 보면 체계적으로 이끌어낼 수 있는 증명들

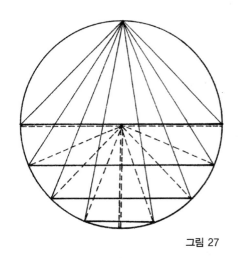

그림 27

이 많다. 그중 하나가 피타고라스 정리다. 이번에는 모든 직각 삼각형을 통해 피타고라스 정리를 제시한다. 이 나이 아이들에게 스스로 증명을 찾아보라고 한 뒤 나중에 기존의 다른 증명들을 보여 주면 흥미를 크게 고조시킬 수 있을 것이다. 기존의 증명들에는 인도식, 아라비아식 증명이 있고, 템펠호프Tempelhoff가 내놓은 증명과 예술적 사고 구조를 가진 유클리드 증명이 있다.

한 문제를 여러 측면에서 보려는 것은 지식을 갈구하는 인간의 특징이다. 같은 문제를 서로 다른 시기에 서로 다른 방식으로 반복해서 만나는 수업 방식은 아이들에게 만족감과 안정감을 주며 이를 통해 자신감과 힘을 얻는다. 또, 같은 문제를 여러 시기에 걸쳐 반복하고, 아이들에게 문제의 여러 측면을 알려 주는 것은 지성을 건강하게 발달시키는 방법이기도 하다. 이를 통해 학습 내용과 배우는 아이들 사이에 긴밀한 관계가 만들어진다. 아이들은 끊임없이 새로운 관점과 관계성으로 사물을 바라보다 보면, 사물의 다양한 측면들이 어떻게 형성하고 서로 보완하는지를 깨닫게 된다. 이런 경험들은 아이들에게 사고 그 자체에 대한 안정감과 확신을 심어 준다. 실제로 이것은 독립적인 사고 능력을 키워 주는 훈련 과정이다. 이런저런 이론을 암기하고, 그때 외운 상태 그대로 평생 지니고 사는 것보다 자신의 힘으로 사고할 줄 아는 것이 훨씬 가치 있다.

아이들은 1학년 때부터 형태그리기 수업을 통해 기본적인 기하 형태들을 경험해 왔으며, 5학년 때부터 '그리고 관찰하는' 방식으로 조금씩 기하학 속으로 들어왔다. 이제 7학년이 된 아이들을 데리고 증명을 찾는 본격적인 기하학으로 전환하려 할 때, 교사는 두 가지 사실을 깨닫곤 한다. 이 무렵의 아이들, 특히 여학생들은 조화와 아름다움에 대한 감각과 함께, 보는 즉시 법칙을 간파해 내는 관찰력을 크게 발달시켜왔다. 그래서 굳이 증명할 필요가 없다고 생각하는 것이다.

그럼에도 그 아이들에게 그것이 왜 그런지를 입증하라는 과제를 내준다면(반드시 그렇게 해야 한다), 교사는 아이들의 사고가 놀라울 정도로 유연하다는 사실도 알게 된다. 이는 그동안 계속 해 왔던 형태 그리기 연습의 직접적인 결과다. 아이들은 피타고라스 정리를 비롯한 여러 증명을 스스로 찾아내기 위해 다양한 방법으로 생각을 펼쳐 본다. 당연히 아이들의 수준에서 도출한 증명들은 이미 알려진 원리들일 것이다. 하지만 아이들의 직관이 반짝반짝 빛을 발하고, 최종 정리에 이르는 길에 놓인 작은 단계들을 때론 아주 쉽고 빠르게 찾아내는(비록 아직 일목요연하게 정리하지는 못하지만) 모습을 지켜보는 것은 대단히 흥미로운 일이다. 아이들은 증명이 그림이나 섬광처럼 눈앞에 나타나는 것을 보면서 생각을 떠올리는 것처럼 보인다. 이제 교사가 할 일은 이들이 내놓는 번뜩이는 생각을 모아 반 전체와 함께 올바른 순서로 정리하고, 일련의 작은 생각들을 모아 증명을 도출하는 전체 과정을 선명하게 만드는 것이다. 이 과정에서 어떤 생각이 토대나 근거가 부족했음이 명확하게 드러나는 것도 그에 못지않게 흥미로운 일이다. 이런 수업에서 교사는 온전한 기하학의 세계를 아이들과 가장 살아 있는 방식으로 동행한다. 옛 지혜는 젊은 영혼 속에서 새로운 경험으로 떠오르며, 손에 땀을 쥐게 하는 긴장감을 느끼게 하는 경우도 적지 않다. 옛 지혜들은 새롭게 발달시킨 아이들의 능력 속에서 새롭게 창조된다.

7학년 때는 지구 탐험의 역사를 인물들의 전기를 통해 배우는 역사 수업에서 강하고 새로운 자극으로 만난다. 아이들은 콜럼버스, 마젤란과 함께 세상을 탐험하고 르네상스를 공부하면서 당시 인류가 세상에 대해 가졌던 새로운 느낌을 경험한다. 이때가 기하학 수업에서 공간이라는 새로운 차원을 배울 적기다. 이제 형태그리기와 도형을 새로운 방식으로 경험하게 될 것이다. 아이들은 '플라톤 입체(정다면체)'를 도구 없이 맨손으로 그린다. 이때도 역시 아무리 아름다운 도형이라 해도 처음부터 완성된 형태를 보고 그리는 것이 아니라, 한 단계씩 차근차근 올라가다가 최종적으로 3차원 입체 도형이 탄생하는 방식으로 그리기를 권한다. 가장 간단한 정육면체부터 시작한다. 정사면체, 정팔면체 같은 입체를 눈앞에 상으로 떠올리고 그 상을 종이에 옮겨 그린 다음 적절한 재료를 이용해서 실재 3차원 입체도형을 만든다.[1] 이때 아이들은 새롭고 특별한 기쁨을 경험하게 된다. 이 시기 기하학 수업의 목표는 사고를 명확하게 하는 것으로 이를 위해 형태그리기에도 새로운 방식을 도입한다. 직선자와 T자, 컴퍼스를 이용해서 그리는 작도가 시작되는 것이다. 지금까지 맨손으로 그려왔던 형태를 도구를 이용해서 그릴 때, 투명하기까지 한 명확성과 정확성을 가진 아름다운 형태를 보며 아이들은 큰 만족을 느낀다. 이 방법으로 익숙한 형태를 다시 그리려 할 때 겪게 되는 유일한 어려움은, 처음이라 도구를 기술적으로 능숙하게 다루기가 쉽지 않다는 것뿐이다. 아이들은 낯익은 과제에 새로운 열의를 갖고 도전한다. 이제 자신들이 내면으로 성장했음을 기쁘게 인식한다.

이렇게 형태그리기는 도구를 이용한 형태그리기로 변형된다. 헤르만 폰 바라발H. von Baravalle이 쓴 『기하학 언어, 형태그리기Geometrie Als Sprache, Der Formen』(자유정신출판사, 슈투트가르트, 1963)는 이 수업을 위한 풍부한 아이디어를 담고 있다. 이 책의 사례들은 아름다운 형태들을 예술적으로 보여 줄 뿐 아니라, 작업할 때 요구되는 기하 작도의 엄격함도 보여 준다. 이와 관련된 기하 법칙들은 수업에서 반복적으로 적용할 수 있다. 작도를 하면서 아이들은 중요한

---

1. 플라톤 입체: 『역학적인 방법에 따른 화법 기하학Darstellende Geometrie Nach Dynamischer Methode』(헤르만 폰 바라발, 자유정신출판사, 슈투트가르트, 1959) 참고

배움을 얻는다. 도구를 이용하여 정확하게 그려진 형태 안에서 아름다움과 진실은 배치되는 것이 아니라 서로 더 빛내 준다는 것을.

IV

형태그리기 수업의 효과와 의미

루돌프 슈타이너의 일클리 강의를 기초로 해서 살펴보면, 형태그리기는 분명 우리 인간의 생명력을 자극하고 강화하며, 신체기관에까지 조화와 생기를 불어넣는다는 것을 알 수 있다. 갈수록 문화와 과학 기술이 지성에 편중되고, 심지어 인간관계마저 차가운 이성에 지배되는 이 시대에 우리는 오이리트미와 형태그리기에서 아주 특별한 치유의 힘을 발견한다. 자라나는 우리 아이들은 지금 혼돈과 때 이른 경직, 나아가 죽음의 힘에 노출되어 있다. 형태그리기에 내재한 생명력은 이런 부정적인 영향을 중화시키는 강력한 효과가 있다.

또한 형태그리기로 감각을 건강하게 훈련하게 할 수도 있다. 특히 의지와 관련된 감각이 활발해진다. 지성만 편향적으로 발달시켰을 때 가장 훼손되기 쉬운 것이 바로 의지와 관련된 감각들이다. 이런 감각을 발달시키는 데 특히 좋은 것은 다양한 대칭 연습이다. 대칭 연습을 할 때 운동 감각과 균형 감각이 가장 많이 움직이게 된다. 촉각은 그보다 섬세하게, 내적으로 거리를 가늠할 때 작용한다. 생명 감각의 미세한 떨림은 먼저 뭔가 불완전하다는 느낌에서, 다음에는 그것이 완전해졌을 때의 만족감에서, 마지막으로 조화를 경험할 때 가장 분명히 드러난다.

이런 연습들은 인간의 가장 내밀한 핵심을 건드린다. 수직선 그리기를 생각해 보자. 수직선을 그릴 수 있는 힘과 균형은 오직 자신의 내면에 있다. 칠판에 커다랗게 수직선을 그릴 때, 이 작업이 미치는 영향이 발끝까지 내려가는 것을 느낀다. 모든 형태그리기 연습을 통해, 특히 가장 단순한 형태를 그릴 때, 자아는 활기차고 강해진다. 이렇듯 전적으로 예술적인 방법의 도움을 받아 인간은 자신의 육체 속으로 조화롭게 육화할 수 있다.

바젤(1920년)과 토키 강의에서 루돌프 슈타이너는 지성을 어떻게 발달시켜야 하는지를 강조했다. 지성은 직접 자극하려 해서는 안 되며, '상 떠올리기'에 뿌리를 둔 의지 활동을 통해 자라게 해야 한다. 이럴 때만 지성은 '인간 전 존재의 결과'로 드러난다.

이 새로운 방식으로 사고를 발달시키려 할 때, 형태그리기는 그 어떤 방법보다 큰 효과가 있다. 우리는 앞서 기하학에 대해 언급하면서 이 점을 다루었다. 무엇보다도 형태그리기는 저학년에서 아주 간단하게 소근육을 훈련하는 방법이었다.

대칭 연습이 복잡해질수록 지성이 요구되지만, 아이는 머리가 아니라 팔다리의 움직임과 강화된 촉각, 섬세한 균형 감각으로 해결한다. 나중에 신체와 의지에서 완전히 해방되어 드러날 순수한 사고력은 처음에는 촉각 활동에서 시작된다. 대칭 문제를 풀 때 아이들은 의지의 영역에 존재하는 지성을 이용한다. 학년이 올라가면서 형태 연습을 통해 훈련되고 육성되었던 '상으로 떠올리는 사고'는 사춘기가 되면 지적인 사고 능력으로 꽃핀다. 이는 실제로 인간 존재 전체가 관여한 결과이다. 직관력과 신중한 관찰력을 가진 사고는 현실과 괴리되지 않는다. 그뿐만 아니라 형태 연습의 결과로 사고는 유연해진다.

루돌프 슈타이너는 형태그리기, 특히 대칭 연습의 효과 중 하나로 아이들이 올바른 현실감을 발달시킬 수 있다고 했다. 대칭 형태를 연습하는 동안 아이의 영혼 속에 들어오는 힘이 무엇일까? 그것은 불완전한 것을 완전하게 하려는 힘이다. 우리는 이 '불완전한 것을 완전하게 하기'가 슈타이너 인식론의 기본 개념인 동시에 다른 차원에서 볼 때는 사실 새로운 모티브라는 것을 알게 된다. 이것이 의미하는 바는 분명하다. 인간은 의지의 존재로서 능동적으로 참여할 때만 앎이 가능하다는 것이다. 눈에 보이는, '주어진' 현실이 전부가 아니다. 그것은 불완전한 것이며, 우리가 능동적으로 개념을 추가할 때만 완전해진다. 추가된 개념이 있을 때만 현실에 대한 온전한 앎이 가능해진다.[1]

하지만 현실을 올바르게 인식하기 위해서는 정확한 관찰도 이에 못지않게 중요하며, 포괄적인 의미의 감각 지각을 말하는 관찰력 역시 대칭 연습을 통해 훈련할 수 있다. 대칭을 그리려면 먼저 여러 감각을 동원하여 형태가 어떻게 생겼는지를 예리하게 파악해야 한다. 그런 다음, 그에 대한 정확한 거울상을 만들어 내야 한다. '현실'을, '주어진 것'을 재현한다는 것은 그저 생명력 없는 모조품을 만들어 내는 작업이 아니다. 예를 들어, 일부가 왼쪽으로 튀어나온 형태가 있다고 하자. 이에 대한 거울상은 오른쪽으로 그만큼의 힘으로 튀어나온 동시에 완전히 새롭게 창조된 형태로 생생하게 화답해야 한다. 그냥 보기에는 감각으로 지각하고 반응하는 단순한 활동이지만 그 안에는 인간 본성에 대한 심오한 지혜를 밝힐 수 있는 비밀이 숨겨져 있다.

실재를 올바르게 이해한다는 것에는 또 다른 측면이 있다. 다음의 연습은 단순해 보이지만 그 속에 중요한 점이 담겨 있다. 우선 형태를 그릴 때는 아이들에게 먼저 허공에 여러 차례 그려 보게 한 뒤에 조금씩 크레용이 종이에 닿게 하면서 그리게 한다. 움직임에서 형태가 창조될 수 있도록 팔의 움직임으로 그림을 그리는 것이다. 지우개로 지우고 고치면서 토막토막 완성하는 것이 아니라, 자기들이 경험한 형태의 온전함과 전체성에서, 끊지 않고 이어지는 움직임으로 형태를 창조하게 해야 한다. 이 단순한 활동을 통해 아이들은 애써 의식

1. 『자유의 철학Die Philosophie der Freiheit』(GA 4, 2024년 푸른씨앗 출간 예정) / 『괴테 세계관의 인식론적 기초Grundlinien einer Erkenntnistheorie der Goetheschen Weltanschauung, mit besonderer Rücksicht auf Schiller』(GA 2, 한국인지학출판사, 2019)

할 필요 없이 보편적 원리를 체득한다. 모든 형태는 정지된 움직임이라는 사실이 바로 그것이다. 이 원리는 광범위한 영역까지 연결된다. 형태가 역동적인 움직임에서 나왔다는 사실을 체험하는 것은 자연과 예술을 생생하게 이해하고, 세상을 실재로 충만한 것으로 바라볼 수 있는 출발점을 얻는 것이다. 나뭇잎을 비롯한 자연의 모든 형태, 심지어 기형까지도, 모두 지금은 정지된 창조적, 형성적 힘의 산물이다.

또한 이 단순한 연습은 예술을 생생하게 체험하는 출발점이 되기도 하는데 그것은 첫 번째 괴테아눔의 건축 형태와 회화에 대한 루돌프 슈타이너의 예술적 지침을 읽어 보면 잘 알 수 있다. 또한 슈타이너의 행성 인장[1](형태그리기 수업을 준비하는 교사에게 아주 많은 영감을 준다)은 모든 형태가 능동적인 힘의 결과로 형성된다는 것을 경험해야만 이해할 수 있다. 형태 연습을 하다 보면 (특히 일클리와 토키 강의에서 언급했던 형태) 창조적인 정신까지 아우르는 세계 인식을 위한 감각 기관이 만들어진다.

또 다른 측면도 있다. **그림 28**의 대칭 형태를 연습하다 보면, 그 형태가 완전하기는 하지만 아직 내부의 선들이 무의미해 보인다고 느끼게 된다. 3, 4학년 아이들은 이런 사실들을 더 쉽게 느낀다. 이 그림을 예술적으로 부족해 보이지 않도록 완성해 보라는 과제는 이들의 창조력을 적극적으로 움직이게 한다. 아이들은 이 과제를 기쁘게 받아들일 것이며, 생각지도 못한 다양한 해결책을 제안할 것이다. 그 제안을 반 전체와 나누다 보면 주어진 형태에 가장 잘 어울리는 것이 뭔지, 어떤 것이 이질적이고 임의적인 요소인지를 쉽게 알 수 있게 된다. 이런 연습들은 아이들의 상상력을 살아 있는 방식으로 자극한다. 형태그리기는 상상력을 갈고닦을 수 있는 멋진 수단이다. 여기서 말하는 상상

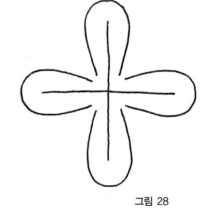

그림 28

1. 『형태그리기 1~4학년』(에른스트 슈베르트/ 로라 엠브리-스타인, 푸른씨앗, 2013)
   『포르멘』(루돌프 쿠츨리, 해오름, 2004) 참고

은 아무 연관성 없는 허황한 요소들에서 제멋대로 펼치는 것이 아니라, 주어진 요소를 가지고 그것들을 계속 창조적으로 놀이하듯 변형시켜 나가는 것을 말한다. 주어진 요소에 갇히게 되면 오직 한 가지 해결책만 가능하다고 하는 경직된 태도로 바라보게 되기 쉽다. 그래서 위와 같은 연습을 통해 아이들은 주어진 요소를 향해 가되 다양한 해결책을 자유롭게 창조할 수 있는 방향으로 스스로 이끌고 나가는 것이 중요함을 깨닫는다. 이것이 바로 형태그리기 속에 있는 예술적 힘이며, 아이들이 능동적으로 창조할 때 경험하게 되는 중요한 원리다.

마지막으로 형태그리기의 또 다른 놀라운 효과에 대해 살펴보자. 형태그리기는 아이들의 사회성과 도덕성을 성장시킨다. 아이들에게 1학년 때부터 계속해서 반쪽짜리 형태를 완성하고(대칭 연습), 불완전한 것을 완전하게 만드는 연습을 하게 할 때, 우리는 아이들의 도덕성을 발달시키고 있는 것이다. 불완전한 것을 완전하게 만들고자 하는 마음을 심어 주면, 그것은 훗날 어떤 일을 대할 때에 기본적인 태도로 표현될 것이다.

초기 그리스 방패 문양에서는 또 다른 심오한 측면을 볼 수 있다. 형태 자체의 요구에 따라 형태를 완성하려면, (도덕적인 관점에서 볼 때) 자기중심적인 임의성을 모두 내려놓아야 한다. 섬세한 감각으로 문제에 접근해야 하고 주어진 형태의 법칙에서 해결책을 찾아내야 한다. 이때 경험할 수 있는 놀라운 사실은 해결책이 하나만 존재하지 않는다는 것이다. 창조적 자유는 무수히 많은 해결책을 허용하며 모두 수용할 수 있다. 이런 대칭 연습을 통해 삶에 대한 유능함, 예민한 감각, 통찰력, 헌신과 같은 특징들이 개발된다. 이런 사회성, 도덕성은 아이들이 의식하지 못하는 상태에서 자연스럽게 교육할 때 가장 아름답게 피어날 수 있다. 자신들이 작업하고 있는 일의 교육적 효과를 의식하게 하면, 오히려 그 형성력이 방해를 받게 된다.

초기 그리스 방패 문양

이것만으로도 루돌프 슈타이너의 교육 예술에서는 도덕성마저 아주 새로운 방식으로 육성한다는 것을 알 수 있다. 도덕성은 설교나 훈육으로 발달시킬 수 없다. 그것은 아이들과 함께 어떤 일을 계속 반복해서 할 때, 의지 요소를 강화할 때 성장한다. 우리는 영혼의 힘이 변형된다는 사실을 신뢰해야 한다. 자라나는 아이들의 의지 속에 통합된 것은 나중에 도덕에 대한 감각, 도덕적 상상력으로 성장하고 변형되어 살아난다. 이것은 의무와 당위가 요구하는 바를 자유롭게, 그리고 사랑으로 실천하고자 하는 새로운 도덕의식으로 깨어난다.

이어지는 과정을 살펴보자. 루돌프 슈타이너의 제안에 따르면 형태그리기는 5학년까지 연습한다. 그 뒤로는 형태그리기에서 형태 경험과 형태 창조가 분화된다. 전자는 기하학으로 이어지는데, 처음에는 맨손으로 평면 도형과 입체를 그린다. 나중에야 도구를 사용한다. 후자는 온전히 과학 수업(주로 자연 과학)에서 이용된다. 이것을 통해 아이들은 식물 형태나 나뭇잎의 변형 같은 자연 현상을 살아 있는 방식으로 인식하게 된다. 물리학에서 형태그리기는 물방울이 떨어지는 모습, 물이 흘러가는 모습, 클라드니 판에서 소리가 만드는 아름다운 형태 그리고 눈 결정의 아름다움을 포착하게 해 준다. 언급한 몇 가지 예를 통해 상급 학년에서도 맨손 형태그리기를 어떻게 이어갈 수 있는지를 알 수 있다.

지금까지는 형태그리기만을 놓고 이야기해 왔다. 하지만 먼저 아이들은 12년 내내 오이리트미에서 움직임을 배우고 수공예, 수학, 식물학, 동물학 같은 다른 과목들 역시 형태그리기와 똑같은 원리와 정신을 기반으로 배워 왔다는 사실에 바탕을 두고 있다는 것을 언급하지 않는다면 이 과목에 대한 온전한 소개가 되지 못할 것이다. 아이들이 형태그리기를 통해 얻은 능력은 다른 과목들의 영향이기도 하며, 거꾸로 형태그리기 역시 다른 모든 과목에 활기를 불어넣는다.

루돌프 슈타이너가 우리에게 선사한 새로운 힘인 형태그리기를 통해 우리는 뛰어난 효과와 깊은 의미를 지닌 교육 수단을 손에 넣게 되었다.

슈타이너가 예로 들었던 형태들은 대단히 중요하다. 그것을 통해 교사의 상상력이 활발해지고, 발도르프 교육에서 폭넓게 활용할 수 있다. 슈타이너가 형태그리기를 제안한 주된 목적은 지성을 건강하게 인간적인 방식으로 육성하고 발달시키기 위함이었다. 그는 지성을 올바르게 발달시키는 것이 발도르프 교육이 이루고자 하는 핵심이라는 것과 그 필요성에 대해 간곡히 말했다.[1]

---

1. 『사회 문제로서 교육의 문제Die Erziehungsfrage als soziale Frage』(GA 296) 참고

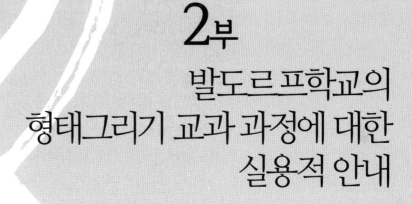

2부
발도르프학교의
형태그리기 교과 과정에 대한
실용적 안내

실제 형태그리기 수업에서 주의해야 할 점과 슈타이너가 제안한

형태들의 원리와 의미를 수업에 녹여 내는 방법에 대해 풍부한 사례와 함께

실용적이면서 폭넓게 설명하고 있다.

마거릿 프로리히
Margaret Frohlich

발도르프학교 교육의 기본 원리 중 하나는 나중에 체계적인 수업을
통해 숙달하게 될 내용을 먼저 몸으로 경험하게 한다는 점이다. 가
령 색을 사물의 속성으로 여기기 전에, 또 물리학 수업에서 색의 법
칙을 배우기 전에, 먼저 여러 가지 색깔과 색이 가진 저마다의 특징,
다른 색과의 관계를 경험하게 한다. 마찬가지로 직선과 곡선도 움직
임과 그리기를 공간에서 충분히 경험하고 난 뒤에야 비로소 그 선들
을 이용한 글자, 숫자 쓰기를 가르친다. 선을 이용하여 대상을 스케
치하거나 선의 기하학 법칙을 찾는 것은 그보다 훨씬 더 뒤의 일이다.

9세 무렵이 되면 아이들에게 중대한 변화가 일어난다. 아이들은
이제 자신과 주변을 동일시하지 않고 좀 더 객관적으로 세계를 바
라보기 시작한다. 루돌프 슈타이너는 이러한 변화를 매우 중요하게
여겼고, 이런 과도기가 오기 전에 색의 특성과 직선, 곡선의 움직임
을 경험해야 한다고 말했다. 이 시기 전이라야 아이들이 있는 그대
로, 의문을 품지 않고, 이성적인 판단 없이 순수하게 경험을 받아들
이기 때문이다.

원형적인 움직임인 직선과 곡선은 모든 수업의 기본이기 때문에,
슈타이너는 학교에 입학한 첫날 아이들이 이 두 움직임을 모두 배우
기를 원했다. 직선이나 곡선의 본질은 움직임이므로 종이나 칠판에
드러난 그 최종 상태를 그 자체로 보아서는 안 된다. 그것들은 그 순
간 눈에 보이는 움직임의 한 부분이다. 따라서 선이 위로 갔는지 아
래로 갔는지, 수평이 왼쪽에서 오른쪽으로 갔는지 오른쪽에서 왼쪽
으로 갔는지, 대각선으로 갔는지에 따라 직선의 원형은 전혀 다르다.
곡선의 원형도 기대하며 맞이하듯 팔을 위로 올렸는지, 아래쪽으로
방어하듯 내렸는지에 따라 다르다.

형태그리기에는 여러 측면이 있으며 각기 다른 방식으로 아이들
에게 영향을 미친다. 어떤 것은 명확하며 비교적 빨리 성과를 확인할

수 있지만, 어떤 것은 발달하는 데 시간이 필요하다.

실용적인 효과 중 하나가 글씨를 쓸 때 손을 잘 쓸 수 있게 된다는 것이다. 슈타이너는 아름다운 직선과 아름다운 곡선, 아름다운 각을 연습할 때 형태에 대한 느낌이 깨어난다고 말한다. 이는 아름다운 글씨로 이어지며, 서체를 반복 연습하는 것보다 훨씬 효과가 좋다고 했다. 드러난 증상이 아닌 문제의 뿌리를 공격하는 것이 슈타이너가 교육 문제를 다룰 때 취하는 태도의 특징이다.

항상 공책의 면 전체를 의식하는 법을 배우면, 면 구성뿐 아니라, 여백, 줄 간격, 제목과 본문의 관계, 그림과 본문과의 관계에 대한 감각이 발달한다.

루돌프 슈타이너는 선 그리기 연습을 능동적인 행위로 지성을 발달시키는 방법으로 이용하고자 했다. "지성을 직접 훈련하지 않을수록 좋으며, 사지의 움직임, 손발의 소근육 운동에서 지성이 발달하게 하는 방식으로 인간 존재 전체에 다가가려 할수록 좋다." 협응과 집중력을 키워 줄 수 있는 대바늘뜨기(1학년)와 코바늘뜨기(2학년)를 일찍 가르치는 이유도 이 때문이다.

나이에 따라 권장하는 특정한 형태와 연습도 있다. 이 연습들은 아이의 내면의 발달 단계에 따라 함께 발달하며, 다른 과목에서 배우는 내용과도 호응한다. 따라서 아이들 내면에서 발달한 자질과 능력들이 다른 과목에 어떻게 도움이 되는지 알게 될 것이다.

그러면 아이들에게 적절한 연습은 어떻게 선택해야 할까?

루돌프 슈타이너가 제안한 첫 번째 연습은 직선과 곡선 (곧은 선과 굽은 선) 그리기다. 『교육 예술 2: 발도르프 교육 방법론적 고찰』은 그 선들을 어떻게 그리는지, 그리면서 아이들에게 무슨 말을 할지를 자세히 설명한다. 학교에 입학한 첫날, 교사는 칠판에 직선과 곡선을 그리고, 이름을 붙여 주어야 한다. "이것은 곧은 선이라 하고 이것은 굽은 선이라고 해요." 그런 뒤 아이들이 한 명씩 앞으로 나와 칠판(또는 벽에 핀으로 고정한 종이)에 이 선들을 그려 보게 한다. 둘째 날 교사는 칠판에 전날 그렸던 것과 똑같은 선을 그린다. 그리고 아이들에게 그 이름을 물어본 후에 다시 한 번 모든 아이가 칠판에 나와 두 선을 그리게 한다. 슈타이너는 직접 그리는 행위를 통해 아이들의 기억력을 자극하고자 이어지는 수업에서 직선, 곡선 및 변형 연습을 계속 이어가라고 했다.

형태를 연습할 때 아이들이 가능한 한 많은 도움을 받을 수 있도록 어떻게 안내하고 이끌지 알아보자. 루돌프 슈타이너는 일클리 강의[1]에서 에테르체와 그 작용에 대해 말했다. 몸을 움직여 활동하면 에테르체에 미치는 영향을 한층 강화할 수 있다. 전 세계 발도르프 학교 교사들이 수와 셈을 가르칠 때 수를 세거나 구구단을 외우면서 손뼉 치고, 발 구르고, 뛰고, 행진하게 하는 이유가 바로 이 때문이다. 직선, 곡선을 배울 때 아이들이 먼저 바닥에서 걸어 보고, 허공에 '그려' 보고, 칠판에 그려 본 뒤에야 비로소 공책에 그리는 것도 같은 원리다.

팔다리를 크게 움직여 허공에 그리고 난 후, 칠판에 그려 보는 과정은 다른 형태를 그릴 때도 그렇지만 특히 곧은 선, 수직선을 그릴 때 더욱 중요하다. 곧은 선은 아이들의 곧게 선 척추에 대한 상이며, 처음 똑바로 서서 자기 자신을 '나'라고 불렀을 때의 경험과 맥을 같이하는 움직임이기 때문이다. 교사는 아이들에게 자리에서 일어나서, 공기의 저항을 가르면서 공기 위에 곧은 선을 '그려 넣듯' 아주 힘 있게 걸어 보라고 한다. 이렇게 직선을, 다음엔 두 팔을 이용해서 곡선을 그린다. 그런 뒤 옆의 그림처럼 3개의 선을 마찬가지로 허공에 오

1. 1923년 8월 15일~17일, 14일 세미나, 한스 니더호이저가 저술한 이 책 1부 참고

른손으로만 그리게 한다. 그리고 칠판에 그려 보게 한다. (칠판에 그리는 것은 어려움을 가진 아이들에게 특히 도움이 된다. 가능하면 모든 아이가 기회를 가질 수 있게 한다) 여기까지 해 본 뒤, 자리에 앉기 전에 손가락으로 종이 위에 한 번 더 그려 본다. (종이 크기는 30×46cm가 적당하다) 이 모든 연습을 다 한 뒤에야 종이에 크레용으로 그린다.

이때도 중요한 것은 최종 결과가 아니라 움직임이기 때문에, 처음에는 종이 위에서 선을 아주 가볍게 여러 번 반복해서 그리게 한다. 이 과정에서 선이 점점 두꺼워져도 전혀 문제가 되지 않는다. 중요한 것은 선을 그릴 때마다 동작 전체를 되풀이하는 것이다. 선을 한 번에 그리지 않고 머뭇거리거나, 토막토막 나누어서 그리면 움직임에 대한 느낌을 잃게 된다.

지금까지 이야기가 사소하고 단순한 과정을 지나치게 강조하는 것처럼 보일 수도 있다. 하지만 이 과정이 주는 효과가 정말 심오하면서도 중요하므로 단계별로 상세히 설명하지 않을 수 없다. 지금까지의 경험으로 볼 때, 이런 기본 도입 연습을 소홀히 하면 이후의 학습에서 기대한 효과를 거두기가 힘들다.

앉은 채로 글씨를 쓰고 그림을 그리다 보면, 많은 아이가 손가락 사이에 크레용을 꽉 움켜쥐고 종이에 꾹꾹 눌러 가며 아주 작게 쓰는 버릇을 갖게 되기 쉽다. 자리에서 일어나서 형태를 그리면, 무엇보다 손목과 팔꿈치를 자유롭게 움직일 수 있을 뿐 아니라, 형태에 대한 느낌을 그대로 선으로 표현하는 것이 가능해진다. 크레용을 엄지, 검지, 중지 세 손가락으로 가볍게 쥐고, 크레용 끝이 손가락보다 조금만 앞으로 나오게 한다. 세 손가락이 종이에 닿을 정도로 짧게 잡으면 더 좋다. 그러면 종이 위에서 훨씬 안정감 있게 움직일 수 있다.

처음에는 선을 간신히 보일락 말락 하게 그리면서, 잘 완성될 때까지 그 위에 여러 번 겹쳐 그리게 하면, 종이 사용(또는 낭비)을 줄일 수 있다. 수업 시간마다 종이는 한 장으로 충분하다.

　종이가 책상에 직접 닿으면 선의 가볍고 무거움을 조절하기가 쉽지 않을 뿐 아니라 책상 표면의 울퉁불퉁한 자국들이 그림에 드러나기 쉽다. 이럴 때는 아이마다 종이 받침을 하나씩 만들면 좋다. 종이 받침(38×60cm)은 커다란 신문지를 접은 뒤, 갈색 포장지로 앞, 뒷면을 감싸고, 가장자리에 테이프를 돌려 붙여서 만든다. 받침 위에 종이를 올린 뒤, 몸 앞에 반듯하게 놓는다. 그림을 그리는 동안에는 종이를 돌리지 않게 한다. 받침을 만들어 1년 정도 계속 사용하게 하면 아이들에게 좋은 습관 하나를 가르칠 수 있다. 낙서할 때는 재미있지만 그림을 그릴 때는 받침이 깨끗한 편이 더 기분 좋다는 사실을 배우게 되기 때문이다.

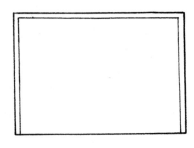

38×60cm

　다시 직선, 곡선으로 돌아가 보자. 교사는 매번 새로운 측면을 볼 수 있도록 다양하게 변형시키면서 상당히 오랫동안 아이들에게 직선과 곡선을 연습시킨다.

　무엇보다 중요한 점은, 수업에 앞서 교사가 직접 이 연습을 해 보아야 한다는 것이다. 아이들과 똑같은 크기의 종이, 똑같은 조건에서 연습하면 더 좋다. 그래야만 아이들이 이 수업을 통해 무엇을 배우는지를 스스로 분명히 깨달을 수 있다. 또 이때 실질적인 아이디어들이 반짝반짝 떠오른다. 그동안 모아놓은 그림 자료를 뒤적이는 것보다, 직접 그릴 때 훨씬 다양하고 새로운 아이디어를 얻을 수 있을 것이다.

　실제 수업을 진행할 때 교사는 아이들 하나하나를 보면서 지금 하고 있는 연습이 적절한지, 너무 쉽거나 어렵지 않은지 어떤 부분에서 힘들어하는지도 꼼꼼히 관찰해야 할 것이다. 이렇게 관찰한 내용을 토대로 다음 단계를 결정한다. 현재 연습하고 있는 형태의 원리를 다양화시켜 좀 더 끌고 갈 것인가, 다음 단계로 넘어가 새로운 문제에 도전할 것인가?

어떻게 변형시킬 수 있는지 두 가지 예를 보자. 교실 바닥과 허공에서 움직여 보는 사전 연습을 모두 마친 뒤, 먼저 직선으로 중심선을 그리고, 한쪽에 곡선이나 직선을 그린다.

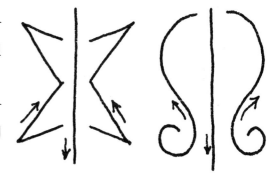

때에 따라 중심선 그리는 것을 생략할 수도 있다. 중심선이 있을 때와 달리 놀라울 정도로 정신을 바짝 차려야 한다. 또는 아이들에게 선의 진행 방향을 반대로 그려 보라고 할 수도 있다.

저학년에서 하는 모든 연습은 상상을 통해 제시해야 한다. 불어오는 바람, 움직이는 물, 내리비치는 햇살처럼 자연의 움직임을 이용할 수도 있고, 사람이나 거인, 난쟁이가 밀고, 깡충 뛰고, 춤추는 모습을 떠올리게 할 수도 있다. 이런 상은 아이들이 선의 흐름을 일종의 몸짓으로 이해하는 데 도움을 주며, 이는 훗날의 예술 작업을 위한 중요한 준비 과정이기도 하다.

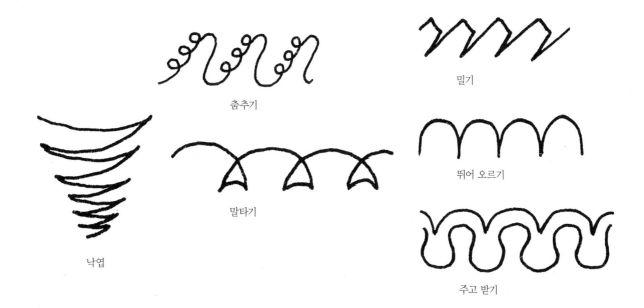

춤추기

밀기

낙엽

말타기

뛰어 오르기

주고 받기

아이들이 형태는 일종의 몸짓이라는 말의 의미를 이해하고 나면, 교사는 칠판에 형태를 그리고 아이들에게 그 몸짓에 어울리는 동사를 찾아보라고 할 수도 있고, 먼저 몇 가지 동사를 주고 그에 어울리는 형태를 찾아보라고 할 수도 있다. 아이들이 저마다 의견을 내놓으면 반 전체가 의논해서 하나를 고른다.

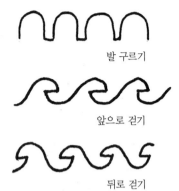

발 구르기

앞으로 걷기

뒤로 걷기

아래 그림처럼 조금씩 변하는 연속 형태를 연습하다 보면 아이들의 사고가 유연해지고, 자신과 자신을 둘러싼 세계가 끊임없이 변화하고 있음을 깨닫기 시작한다. 저학년 때는 이런 의미를 말로 설명하지 않는다. 그저 아이들 앞에 상으로 제시하고, 그 '몸짓'을 그릴 뿐이다. 이것은 나중에 학년이 올라갔을 때 변형과 발달의 원리를 이해하는 데 도움이 될 것이다.

이와 같은 형태를 직선과 각 또는 직선과 곡선을 이용해서 만들 수도 있다.

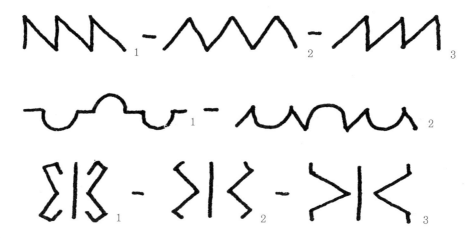

이런 '몸짓' 하나하나를 아이들이 진정으로 경험하게 하려면, 30×46cm 정도 되는 커다란 종이에 수업마다 한 가지 형태만 그려야 한다. 지난 시간에 그렸던 것을 칠판에 붙여 놓으면, 아이들은 연속 형태의 변화와 발달 과정을 느끼고 기억을 떠올릴 수 있다.

여기서 젊은 교사들은 '어떻게 저렇게 간단한 연습 하나만으로 수업 시간 전체를 채울 수 있을까?' 같은 질문을 떠올리기 쉽다. 어린 아이들과 함께 형태그리기를 할 때, 앞서 설명했던 사전 연습을 아주 착실히 진행하면 에테르의 힘이 강해진다. 이 시기에 꼼꼼하게 다져놓은 준비 과정은 나중에 아이들의 능력으로 변형된다. 종이에 그리기 전에 충분히 사전 연습을 하고 실제로 형태그리기를 하다 보면, 수업 시간이 빠듯하다고 느끼게 될 것이며, 교사가 잘 안내하면 아이들은 마침종이 울릴 때까지 몰입해서 수업에 임할 것이다. 또, 어린 아이들은 아직 모방하는 단계이기 때문에, 교사의 행동뿐 아니라 그 행동을 어떻게 했는지까지도 그대로 모방한다. 교사는 이런 특성을 적극적으로 이용할 수 있다. 아이들이 보는 앞에서 칠판에 형태를 그릴 때 자연스럽게, 조심해서 그려야 하는 부분과 천천히 그려야 하는 부분을 강조하는 것이다. 집에서 실수 하나 없이 완벽하게 그려온 그림을 보여 주는 것보다, 아이들 앞에서 직접 그릴 때 교육적으로 훨씬 좋은 결과를 얻을 수 있다.

앞에서도 언급했듯이 교사는 항상 수업 전에 미리 형태를 그려 보는 것이 좋다. 특히 곡선 형태는 (될 수 있는 한) 아이들과 같은 조건, 같은 크기로 그려 보면, 얼마만큼 많은 노력을 기울여야 형태를 어느 정도 정확하게 만들 수 있는지를 절감하게 된다. 직선과 각으로 이루어진 형태를 연습할 때는 꺾이는 부분에서 살짝이라도 멈추고, 방향이 어디로 바뀌어야 하는지, 가다가 어디쯤에서 멈춰야 하는지 미리 생각해 봐야 한다는 것을 깨닫게 된다. 의지나 사고를 자극하는 연습을 적절하게 사용하면 다양한 방식으로 아이들을 도울 수 있다.(형태그리기는 의지를 자극하는 연습에 속한다) 아이의 상태에 따라 리듬활동 시간에 어떤 아이에게는 말하기 연습을 주고, 강한 의지가 필요하거나 집중된 사고를 연습해야 하는 아이에게는 형태그리기 연습을 준다. 개별의 상태뿐 아니라 반 전체의 상태에 따라서도 이렇게 할 수 있다. 생각을 많이 해야 하는 어려운 수업 뒤에는 직선과 곡선을 결합한, 조화를 주는 형태 연습이 필요하다. 정신없는 주말을 보내고 온 아이들은 직선 연습을 하면서 마음을 가다듬는 시간을 가진다. 이런 상황에서 형태그리기는 아주 유용하다.

 또는

둥근 형태가 어떻게 직선과 각을 가진 형태로 바뀌는지, 혹은 그 반대 과정은 어떻게 이루어지는지를 보여 주어 아이들의 상상적인 사고를 자극한다. 아이들이 그 개념을 이해하고 나면, 다른 형태도 같은 식으로 변형시켜 보라고 한다. 이와 같은 형태 변형을 처음 아이들에게 소개할 때, 루돌프 슈타이너의 12감각(『12감각』푸른씨앗, 2016 참고) 설명을 토대로 청각을 이용해서 수업하는 교사도 있다. 예를 들어 이런 식이다. 첫날은 부드러운 소리(B, D, G)로 이루어진 시나 혀꼬임말을 하면서 곡선 형태를 칠판에 그린다. 다음 수업에서는 먼저 센소리(P, T, K)로 이루어진 시나 혀꼬임말을 들려준 다음, 변화된 소리의 특성에 어울리게 하려면 지난 시간의 곡선 형태를 어떻게 바꾸면 좋겠냐고 묻는다.

하나의 곡선 형태가 대여섯 가지의 직선 형태로 바뀌는 것을 보면 정말 흥미롭다. 곧고 각진 형태는 사고와 관련이 있고, 곡선 형태는 의지와 관련이 있다. 사실 하나의 문제에 대해 생각할 때, 수많은 접근 방법과 관점이 존재하며, 그것들을 모두 고려해야 하지 않는가?

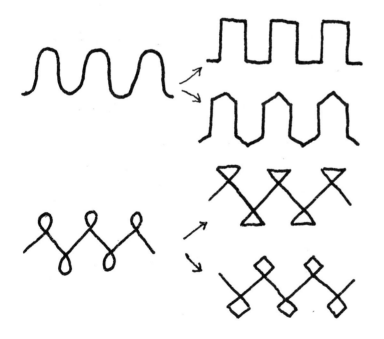

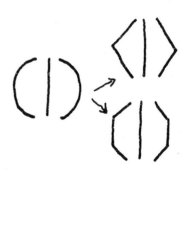

직선과 곡선을 결합한 형태를 그 반대로 변형하는 것은 아주 복
잡하면서도 생각을 많이 자극하는 연습이다. 첫 번째 유형의 변형은
1학년 때도 할 수 있지만 나머지 연습들은 좀 더 기다리는 것이 좋다.

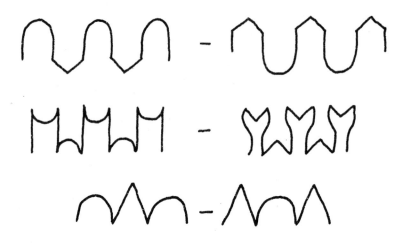

수와 셈 시간에는 아이들에게 1부터
100까지 센 다음 거꾸로 세어 보게 한다.
오이리트미 시간에는 앞으로 걸었다가 다
시 뒤로 걷게 한다. 거꾸로 수를 세면서
걷는 것은 어렵기도 하거니와 정신을 똑
바로 차리지 않으면 할 수 없다. 같은 이
유로 형태그리기에서도 어떤 연습은 흐름
의 방향을 바꾸어 그려 보게 한다.(시작은
물론 왼쪽에서 오른쪽이다)

1학년 때부터 '눈에 보이는 선과 눈에 보이지 않는 선'을 이용해서 형태그리기를 연습하면 여러 면에서 상당한 도움이 된다. 이 단순한 연습 속에 많은 의미가 숨어 있다. 처음부터 끝까지 크레용을 잘 움직여 조심스럽게 선을 그리는 연습이면서, 선과 선 사이 간격도 일정하게 맞출 수 있어야 하고, 길이가 달라지는 것에도 신경을 써야 하며, 공책 한 페이지 전체를 볼 수 있어야 하고, 교사의 지시를 듣고 따를 수도 있어야 한다.

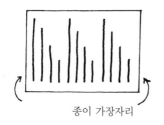

종이 가장자리

또는

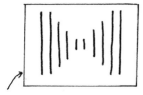

종이 가장자리

어떤 아이들은 적절한 위치에서 선을 시작할 줄은 알지만, 적절한 곳에서 멈추지를 못해 종이 밖으로 선이 삐져나가기도 한다. 이 경우 교사는 먼저 종이 아래쪽에 진한 수평선을 한두 개 그리게 하고, 모든 수직선을 그 수평선 위에 '세워'놓으라고 한다.

이 책 1부 I의 '교육으로서의 형태그리기'에서 한스 니더호이저는, 슈타이너가 아이들의 소근육을 발달시키려면 다양한 직선, 곡선, 각, 나선, 예각, 둔각 등을 연습시키라고 했음을 지적한다. 이 연습은 문자나 숫자 쓰기를 도입할 때도 확실히 유용하다. 교사는 아이들에게 각과 곡선을 소개할 때, 가까운 곳에서 이런 각과 곡선을 쉽게 찾을 수 있음을 깨닫게 한다. 이를 통해 아이들의 흥미와 관찰력이 일깨워진다.

맨손으로 원을 그리는 것은 어른들에게도 어려운 일이다. 하지만 서서 책상 위의 종이를 내려다보면 어느 위치에 그려야 할지, 어떻게 그려 나가야 하는지 감을 잡기가 더 쉽다. 손을 빙글빙글 돌리면서 처음에는 아주 가볍게 종이에 선을 그리고, 움직임을 되풀이할수록 점점 진해지게 한다. 이 연습을 반복하다 보면 형태를 조절하는 힘이 조금씩 자란다. 이때도 계속 그리다 보면 선이 좀 두꺼워질 수 있지만 전혀 문제가 되지 않는다. 때때로 반대 방향으로도 원을 그려 보아야 한다.

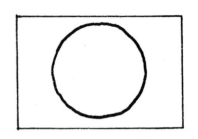

나선도 같은 방식으로 시작한다. 먼저 팔을 빙글빙글 돌리다가 점차 속도를 늦추면서 의식적으로 중심 쪽으로 들어간다. 밖에서 안으로 들어가는 나선과 안에서 밖으로 나가는 나선은 별도로 분리해서 연습해야 한다. 일단 아이들이 안으로 들어가는 나선 형태에 익숙해지면, 나선 사이의 간격을 일정하게 유지하게 한다. 다른 시간에 밖으로 나가는 나선을 그린다. 이때는 중심에서 시작해서 조금씩 바깥 쪽으로 나선을 그려 나가다가 원하는 크기에 도달하면 원으로 둥글게 마무리한다. 안으로 들어가는 나선과 바깥으로 나가는 나선을 한 페이지에 그릴 때는 선 사이의 간격을 일정하게 유지할 수 있는 능력이 필요하다. 그러므로 아이들의 능력이 충분히 무르익기 전에 시도해서는 안 된다.

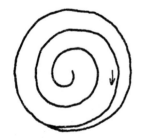 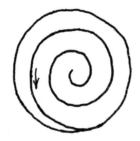  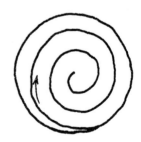

원을 도움선으로 사용하면, 공책에서 위치나 방향을 가늠하는 데 도움이 된다. 도움선은 가장 연한 색을 사용해야 한다.(보통 사용하는 크림색 종이에는 흰색이나 노랑, 혹은 분홍색이 적당하다) 원을 그린 다음 (예를 들어) 그 위에 네 개의 점을 찍는다. 점 사이 간격을 일정하게 유지하게 하면서 맨 위 중앙, 아래쪽 중앙, 양옆에 하나씩 점을 찍는다. 그런 다음, 좀 더 눈에 띄는 색으로 진하게 점 사이를 연결한다. 점을 어디에 찍느냐에 따라 전혀 다른 결과가 나온다. 위, 아래에 찍으면 다이아몬드 꼴이 나오고 양옆에 찍으면 사각형이 나온다.

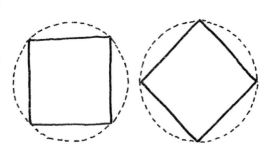

다음과 같은 느낌을 경험하기 위해선 두 도형의 크기가 같아야 한다. "둘 중에 뭐가 더 무거워 보이나요?"교사는 두 그림을 칠판에 나란히 붙여 놓고 아이들에게 질문을 던져 두 도형의 질적인 차이를 느낄 수 있게 한다. 그러나 논리적인 설명을 할 필요는 전혀 없다. 이것은 순전히 예술적 느낌의 영역에 머물러야만 한다.

아래 그림처럼 점과 점을 선으로 연결하거나, 점 주위로 선을 연결하는 연습은 이후 학년에서 하게 될 복잡한 맨손기하의 준비 단계로 좋다. 형태는 종이가 허락하는 한 크게 그려야 한다. 여기서 원은 도움선일 뿐이지만, 점은 그림의 일부이기 때문에 눈에 잘 띄게 그린다. 항상 하는 이야기지만 종이를 돌리면서 그림을 그려서는 안 된다!

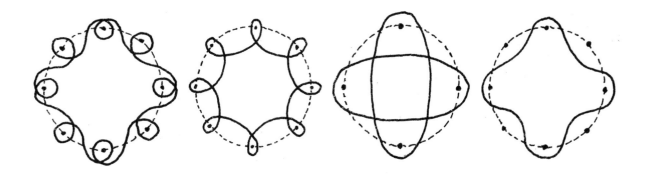

2학년이 되면, 형태그리기의 범위가 조금 더 넓어진다. 물론 1학년 수업을 통해 만들어진 토대 위에 새로운 요소를 쌓는 것이다. 이제까지 그리기에 앞서 사전 연습을 충분히 해 왔고 아이들도 열심히 따라왔다면, 이때쯤 아이들은 자신의 움직임을 어느 정도 조절할 수 있게 되었을 것이다. 오이리트미 수업에서도 이런 연습을 해 왔다. 오이리트미는 형태그리기와 공통점이 많다.

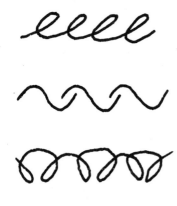

1학년에서 아이들은 단순한 외겹 형태와 규칙적으로 반복하는 형태들을 그렸다.

교실 바닥이나, 허공, 특히 칠판에서 했던 모든 사전 연습들은 2학년에서도 계속 해야 한다. 한 수업에서 한 가지 형태만 다루는 것도 마찬가지다. 이제 새로운 요소가 도입된다. 두 가지 이상의 움직임이 서로 연결되는 관계다.

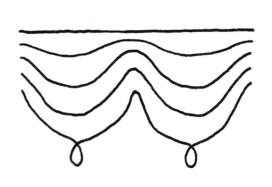

더 복잡한 형태도 있다.

다음은 '눈에 보이는 선과 눈에 보이지 않는 선'을 발전시킨 연습들이다.

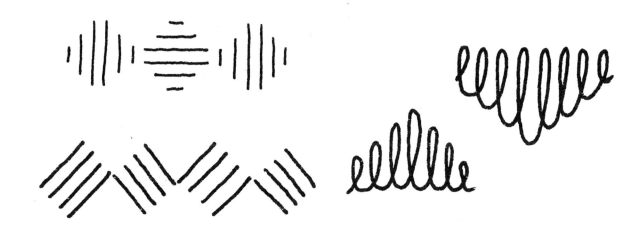

아래 그림처럼 점선(도움선)의 도움을 받으며 이루어지는 관계도 있다.

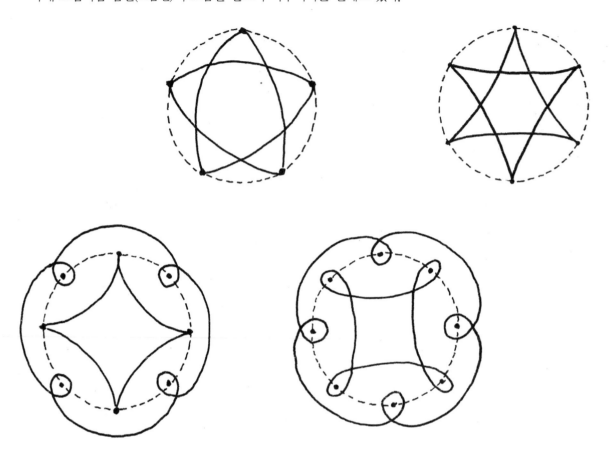

두 개 이상의 선 사이의 관계를 보여 주는 수직 좌우 대칭 연습도 있다.

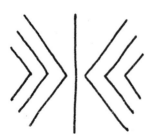
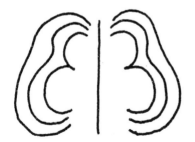

지금까지 이런 좌, 우 대칭 형태를 실제로 종이 위에 그리기 전에 아이들은 허공이나 칠판에 충분히 연습하는 과정을 거쳤다. 루돌프 슈타이너는 1923년 8월 14일 영국의 일클리에서 다음과 같이 말했다. "외부 감각이 아니라 내부 감각에서 시작하여 아이들 안에 있는 강한 대칭 감각을 자극해야 합니다. 아주 어린 아이들도 마찬가지입니다. 예를 들어 칠판에 어떤 그림을 그린 다음, 대칭되는 형태의 첫 부분을 그립니다. 그런 뒤, 그림을 완성한 것이 아니라는 사실을 아이들이 깨닫게 합니다. 어떻게 해야 그림을 완성할 수 있을지 아이 스스로 찾아내야 합니다. 이런 식으로 불완전한 것을 완전하게 만들고자 하는 강한 충동을 아이 안에서 일깨울 수 있습니다. 이것은 실재하는 대상에 대한 절대적으로 옳은 개념을 표현하게 해 줍니다."

루돌프 슈타이너가 예로 든 그림들이다.

아이가 좌, 우 형태를 처음부터 끝까지 모두 그려 보는 것은 또 다른 경험이다. 자신의 느낌과 상상력으로 나머지 반을 완성해야 하기 때문이다. 반대쪽과 똑같은 형태, 똑같은 간격으로 그리려면 고도의 판단력을 발휘해야 하고, 여러 감각을 최대한 활용해야 하며, 감각들 사이에서 섬세한 상호 작용이 일어나야 한다. 가끔 왼쪽과 오른쪽을 바꿔 보는 것도 좋다. 이번 시간에는 칠판에 형태의 왼쪽 반을 그려 주고 아이들이 오른쪽 형태를 완성하게 하고, 다음 시간에는 오른쪽

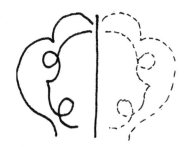

형태를 먼저 그려 주고 왼쪽 형태를 완성하게 한다. 다른 형태그리기와 마찬가지로 단순한 것으로 시작해서 복잡한 형태로 나아간다. 고리 모양과 각은 제대로 그리기가 몹시 어려운 예라 할 수 있다. 직접해 보면 쉽지 않다는 사실을 곧 깨달을 것이다.

2학년 후반에는 형태가 다중대칭축의 중심을 지나 반대쪽으로 넘어가는 '이중 대칭'을 시작할 수 있다.

루돌프 슈타이너는 네 번째 토키 강의에서 수면 위에 비치는 상을 예로 들면서 거울상이 어떤 모습인지를 아이들이 형상적으로 떠올릴 수 있게 해 주어야 한다고 말했다. 이것은 완전히 새로운 원리다.

중앙에 수직축이 있는 좌우 대칭은 직립 인간과 같은 구조다. 우리의 몸 안에서도 이런 좌우 대칭을 느낀다. 하지만 수평축 위아래로 대칭되는 거울상을 형상적으로 떠올리는 것은 전혀 다른 문제다. 이때도 역시 허공과 칠판에서 사전 연습을 충분히 하는 것이 많은 도움이 된다. 공책에 형태를 그릴 때 공책을 돌리지 않는 것이 정말 중요하다. 이런 거울상 연습은 일련의 연속 형태로 하면 좋다. 수직 대칭에서처럼 서로 관계가 있는 몇 개의 선을 차례로 그림에 가져온다.

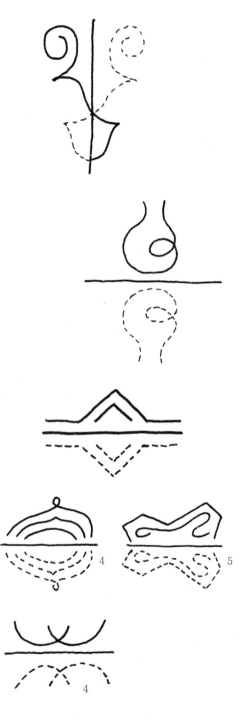

아이들의 상상력을 자극하기 위해 끈 도안을 수평으로 그리게 한 다음, 형태의 모티브는 똑같이 유지하면서 중앙 부분을 어떻게 강조할 것인지 그리고 끝은 어떻게 마무리할지 생각해 보게 한다. 이런 유형의 연습은 수공예 교사의 도움을 받아 여러 가지 물건에 장식으로도 응용해 볼 수 있다.[1] 이런 끈 모양 형태그리기는 사실상 대칭 연습이기 때문에 거울상처럼 위, 아래 대칭으로 그려볼 수도 있다.

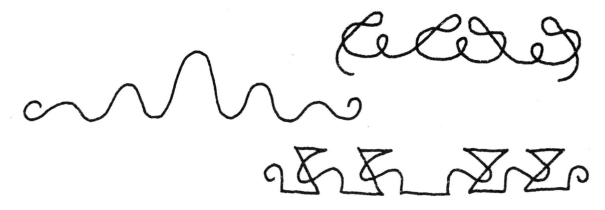

형태 간의 관계성을 중심으로 하는 맨손기하 연습도 계속 해야 한다.

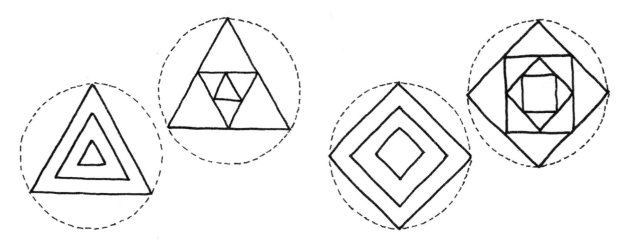

1. 『수공예와 예술 공예Handarbeit und Kunstgewerbe』(헤드비히 하우크Hedwig Hauck) 참조

형태가 점점 커지거나 작아지게 할 수도 있다.

나선은 항상 흥미롭고 생각을 자극하는 형태다. 다양한 종류의
나선이 있다.(아래 그림에서 점선인 원은 도움선이고, 사각 틀은 종이를 의
미한다)

종이 가장자리

본문 1부 Ⅰ의 '교육으로서의 형태그리기'에서 한스 니더호이저는 변형 (그림 2, 3, 4, 5)과 상응 (그림 7, 8)의 원리에 대한 슈타이너의 제안을 자세히 서술한다. 특히 그림 2, 3, 4, 5를 연습할 때, 교사는 슈타이너가 이토록 어려운 개념을 어린아이들에게 제시하는 것에 놀랄 것이다. 어른들은 변형의 과정을 쉽게 파악하지 못한다. 그러나 교과 과정을 공부하고 발도르프 교육의 기본 원리를 체화하면 슈타이너가 의도했던 바를 이해하게 될 것이다. 슈타이너는 아이들이 나중에 추상적인 개념으로 배우게 될 것들을 먼저 몸으로 경험하게 했다. 예를 들어 내용을 이해할 수 없는 어린아이들도 소리와 분위기, 리듬으로 시를 배운다. 이 글의 서두에서 얘기했던 색과 그 색들의 질적인 차이에 대해 배우는 것도 같은 원리에 속한다.

　　만 아홉 살 전까지는 아직 질문하거나 따지지 않고 있는 그대로 자연스럽게 형태의 개념과 몸짓을 흡수할 수 있다. 모국어를 습득할 때처럼 직접 몸을 통해 배우는 것이다. 교사는 아이들에게 이론을 설명하거나 지적인 해석을 덧붙이지 않고, 형태들을 예술적, 형상적으로 제시해 주어야 한다. 여기서 다루는 것은 변형의 원형적 원리이므로, 교사는 아이들에게 다양한 변형의 예를 반복해서 제시해 주어야 한다.

　　한참 동안 변형의 원리를 집중해서 다루다 보면 자연과 예술작품에서도 그 요소들을 발견하게 될 것이다. 이렇듯 앞으로 계속 발전시켜 나갈 수 있는 토대가 3학년 때 만들어진다. 1부에 소개한 그림 2에서는 움직임이 멈춘 조화로운 상태를 볼 수 있지만 그림 3에서는 운동과 그에 대응하는 운동의 역동적, 유기적인 관계를 볼 수 있다. 이 두 그림은 고전적인 그리스 건축과 바로크 건물처럼 상반된 건축 양식의 양극적인 차이를 보여 주는 좋은 예다. 이런 차이는 인간성을 초월하며 고요한 아름다움을 지닌 그리스 최고 신의 두상(오트리콜리의 제우스Zeus of Otricoli)과 개인의 성격이 강하게 표현된 르네상스 시대의 두상(도나텔로의 작품)을 비교해 볼 때도 뚜렷이 드러난다. 그림 2에는 엄숙하다고까지 할 수 있는 완결성이 존재하는 반면, 그림 3은 생명력이 가득한, 되어가는 과정이다.

그림 4, 5의 변형의 원리 역시 예술 작품에서도 찾아볼 수 있지만, 괴테는 식물을 이 확장과 축소의 움직임을 가진 것으로 이해하고 연구했다.

언뜻 보기에 그림 7, 8은 별로 복잡해 보이지 않는다. 하지만 여기에도 역시 심오한 원리가 담겨 있다. 우리는 다양한 형태를 서로 어울리는지, 어울리지 않는지에 따라 배치하는 디자인의 기본 원리를 어디서 만나는가? 바로 살아 있는 자연 어디에서나 발견할 수 있는 원리다! 말의 발굽을 가진 사자를, 참나무 잎을 가진 제비꽃을 상상할 수 있는가? 사자의 머리와 강력한 앞발은 모양은 다르지만, 디자인에서는 일맥상통한다. 식물에서도 마찬가지다. 자연의 모든 형태에서 드러나는 객관적인 일관성을 관찰하고 이해하려고 노력하다 보면, 상응의 원리에 대한 느낌을 서서히 터득하게 된다. 모든 예술에서도 같은 원리가 적용된다. 이 상응의 원리를 다양한 방식으로 가르칠 수 있다. 예를 들어, 1, 2학년에서 아이들은 글자를 배웠다. 3학년 때 상응의 원리를 바탕으로 글자 모양을 변형시키는 것이다. 먼저 아이들이 익숙하게 알고 있는 알파벳 대문자를 칠판에 쓴 다음, 밑에 다른 모양의 A를 쓰고, 아이들에게 원래의 A와 새로운 A가 어떻게 달라졌는지 설명한다. 그러면 그에 상응하는 B는 어떤 모양이어야 할까? 이런 식으로 아이들과 알파벳 전체를 다르게 써 본다. 교사는 반드시 아이들과 수업하기 전에 새로운 알파벳을 만들어 봐야 한다. 그래야 아이들의 의견을 잘 안내하고 정리할 수 있다. 의견이 있는 아이들은 칠판에 나와 자기 생각대로 알파벳을 그린다. 그러면 교사는 반 전체가 가장 잘 변형된 것이 무엇인지 선택할 수 있도록 한다. 때로는 여러 개가 선택되기도 하는데 모든 글자가 앞서 선택했던 것들과 일맥상통해야 한다.

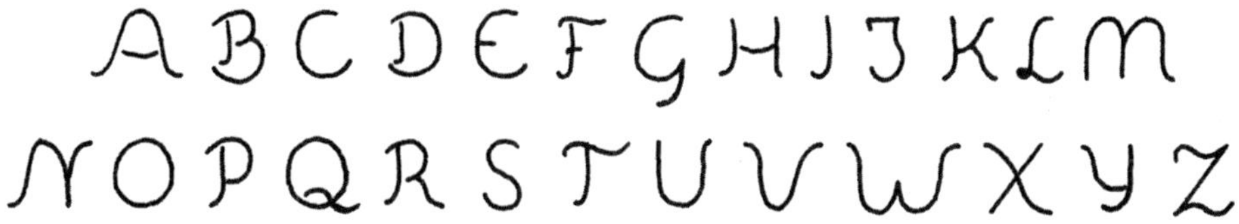

$$ABCDEFGHIJKLM$$
$$NOPQRSTUVWXYZ$$

어린아이들은 자신의 의지 안에서 살고 있지만 점차 사고 능력이 발달한다. 알파벳 작업을 할 때도 이런 사실을 고려해야 한다. 상응 연습으로 3학년 때 도입하는 알파벳은 둥근 형태라야 한다. 4학년 때는 곡선과 직선 형태로 이루어진 알파벳을 도입하고, 5학년 때는 직선만을 사용한 알파벳, 6학년 때는 로마 역사와 관련해서 로마 알파벳, 7학년 때는 고딕체를 도입한다. 이때쯤 되면 상응에 대한 느낌이 아이들 뼛속까지 스며들 것이다. 8학년이 되면 자신만의 알파벳을 도안해 보라고 할 수 있다.

ABC...
4학년

ABC...
5학년

반 전체가 함께 새로운 알파벳을 만드는 연습은 아이들의 생각을 자극하는 동시에 아이들이 아주 좋아하는 활동이다. 평소에는 일반적인 알파벳을 쓰지만, 제목을 쓰거나 새로운 문단의 첫 번째 글자를 쓸 때, 또는 새로운 페이지의 첫 문자를 장식할 때처럼 특별한 경우에는 새로운 알파벳을 사용한다. 이를 통해 아이들은 공책을 예술적으로 꾸미는 연습을 한다. 주어진 형태에 어울리는 외부 형태를 찾는 연습(그림 16, 17)과 주어진 외부 형태에 적당한 내부 형태를 찾는 것(그림 28)도 일종의 상응 연습으로 볼 수 있다.

그림 10부터 13은 변형의 원리에 속한 것들이며, 3학년 초부터 연

습해야 한다. 한스 니더호이저의 제안에 따르면 그림 12는 2학년 때
도 소개할 수 있다. 1학년부터 연습해 온 연속한 형태 연습이 이런 변
형된 형태 연습을 위한 기초가 되어 줄 것이다.

　루돌프 슈타이너는 스위스 도르나흐 강의에서 네 가지 형태의 원
에 관해 이야기한다.[1]

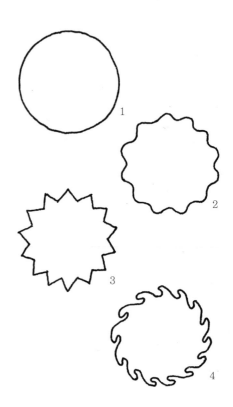

　첫 번째 원은 완전히 자족적이다. 그 팽팽한 경계선에는 아무것
도 남아 있지 않고, 외부에서 어떤 것도 침입할 수 없다. 두 번째, 세
번째 원은 외부와 내부 사이에 상호 작용이 일어난다. 두 번째 원에
선 내부의 힘이 더 강하고 세 번째 원에선 외부의 힘이 더 강하다. 슈
타이너의 말을 인용해 보자. "두 번째 원은 내부가 외부를 정복했고,
세 번째는 외부가 정복했습니다. 우리의 영혼은 형태를 경험하기 시
작합니다. 우리는 형태를 그저 관찰하지 않습니다. 영혼에서 '정복과
침해, 승리와 지배'가 살아서 고동치는 것을 느낍니다. 영혼은 형태와
함께 삽니다. 형태와의 합일, 형태 속에 사는 것이 진정한 예술성의
본질입니다." 어떻게 보면 이상한 말처럼 들린다. 논리적으로 단순명
료하게 설명할 수는 없지만, 이 말을 마음에 품고 대상을 사랑의 눈
으로 관찰하면서 그 의미를 되새기다 보면, 슈타이너가 무엇을 말하
고자 했는지 결국은 이해할 수 있을 것이다.

　루돌프 슈타이너의 강의를 계속 보자. "여기서 우리는 한발 더 나
아갑니다. 네 번째 형태는 한 방향으로 움직이며 활동을 시작합니다.
우리가 이 형태 속에 산다면, 이것이 전진하는 것을, 움직이는 것을
느끼게 됩니다." 이 마지막 형태는 슈타이너의 첫 번째 괴테아눔의 문
틀 장식조각과 상응한다. 그 문틀 장식 역시 서쪽의 입구에서 동쪽의
무대를 향해 전진하는 형태다.

---

1. 『새로운 건축 양식으로 가는 길. '그리고 건물은 인간이 된다.' Wege zu einem
　neuen Baustil. 'Und der Bau wird Mensch'』(GA 286) 참고

본문 1부 Ⅱ의 '교사의 수업을 위한 제안'에서 한스 니더호이저는
9세 아이들의 발달에 대해 자세히 설명하면서 아이들이 어려움을 극
복하게 도울 방법에 대해서도 말했다. 한스 니더호이저는 중심에서
밖으로 뻗어 나가는 움직임과 밖에서 중심으로 들어오는 움직임의 상
호 작용을 강조하는 연습 형태들을 제안했다.

엄밀히 말하면 형태그리기는 아니지만, 내부와 외부의 상호 작
용을 아주 강하게 경험할 수 있는 또 다른 형태의 연습을 추천한다.

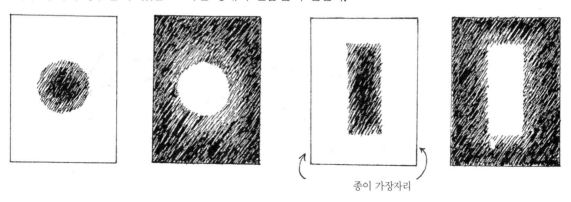

종이 가장자리

내부-외부 상호 작용 연습에 이어, 중심 대칭 범주에 속하는 모든 대칭(삼중 대칭, 사중 대칭, 오중 대칭 등)의 연습을 시작한다. 이는 두 가지 원리에 따른다. (a) 형태의 절반은 대칭축의 다른 편에 뒤집어진 형태로 완성한다, (b) 같은 형태를 모든 대칭축에서 같은 방향으로 반복한다.

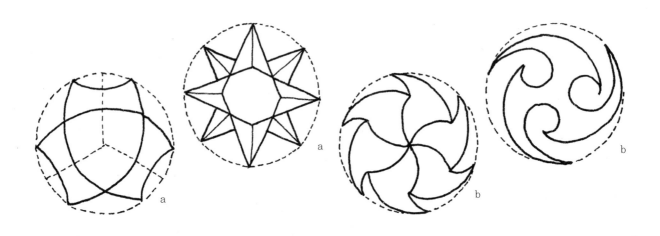

다른 선들이 의도적으로 교차하는 움직임도 이 시기에 도입해야 한다.

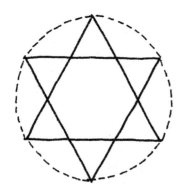
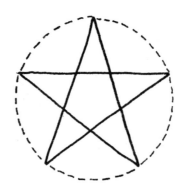
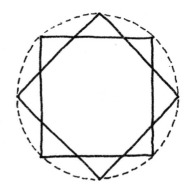

그리고 형태를 정확하게 그리려 노력하면서 관계가 더 복잡해진 형태도 도입한다.

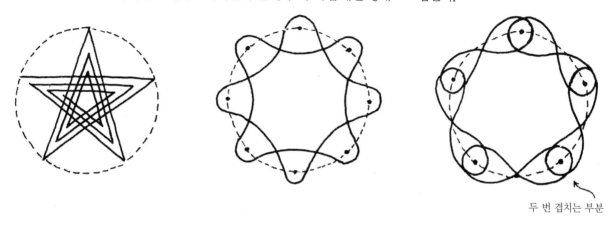

두 번 겹치는 부분

연속해서 더 복잡한 형태로 발전시켜 본다.

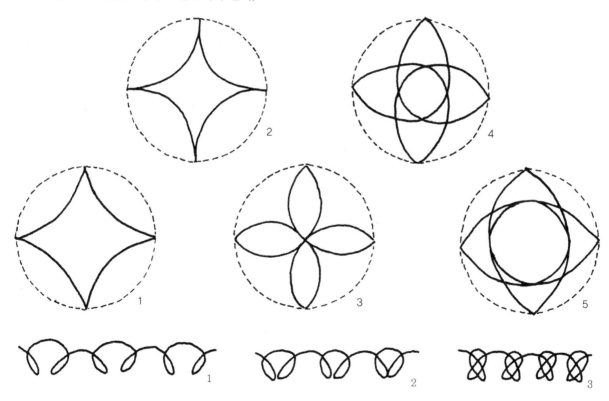

여러 종류의 각을 비롯해 교차도 연습해야 한다.

한쪽으로 기울어진 형태를 그렸으면 반드시 반대쪽으로 기울게도
그려 보아야 하며, 거울상처럼 위아래를 뒤집어 그려 볼 수도 있다.

형태들의 관계성을 연습하기 위해, 움직임의 리듬이 동일한 두 개
이상의 단순한 움직임을 하나로 합치거나 교차시켜 본다.

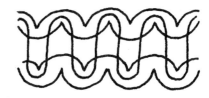

 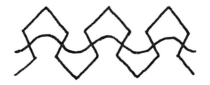 

형태를 확대시키거나 축소시켜 볼 수도 있고, 여러 방향으로 발
달시켜 볼 수도 있다.

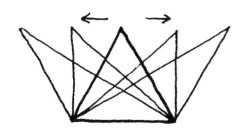 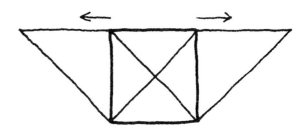

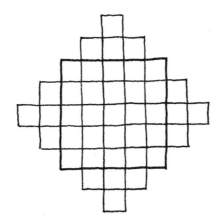

대칭과 거울상 형태, 움직임, 각도, 교차, 리듬의 관계성을 연습하면서 아이들은 집짓기나 농사 같은 다른 과목에서도 유용하게 쓰일 예리한 관찰력을 발달시키게 된다. 교사는 아이들에게 간단한 과제를 준다. 지붕으로 얹은 판자의 패턴이나 울타리가 엮인 모양을 자세히 관찰한 다음, 기억을 떠올리며 그것을 그려 보는 과제다. 특히 기억력이 부족한 아이들은 물론이고 남녀노소 누구에게나 도움이 되는 연습이다. 덧붙이자면 『교육 예술 3: 세미나 논의와 교과 과정 강의』, 네 번째 강의에서 루돌프 슈타이너는, 어린이가 기하학적으로 바라보는 것을 너무 기다리지 말고 그대로 따라 그리는 것이 좋다고 했다.

앞에서 언급했듯이 형태그리기는 사고를 발달시킬 수 있는 한 수단이다. 4학년에서 북유럽 신화를 배울 때, 켈트의 꼬임 문양 또는 짜임 문양을 함께 그리는 것이 바로 이에 해당한다. 꼬임 문양을 그려 본 사람이라면 이 작업에 얼마나 많은 사고가 필요한지 알 것이다. 한스 니더호이저는 분별력이 뛰어나면서도 비지성적인 사고가 어떤 것인지 아주 구체적으로 설명한다. 그리스 신화에서 이성적 사고가 막 깨어나던 그리스 사람들이 아주 중요한 신으로 여겼던 팔레스 아테나 여신이 방직과 직조를 관장하는 신이었던 것은 우연이 아니다.

신화에 나오는 물질의 형태와 이름을 사실은 어떤 정신적인 힘의 상이라고 본다면, 본래 의미하는 바에 더 가까워지는 경우가 많다. 팔레스 아테나는 무엇보다 지혜의 여신이기에 지혜와 직조, 방직이 서로 관련이 있다고 가정해 볼 수 있다. 우리는 사고 과정을 종종 실타래에 비유한다. 방해를 받으면 생각의 실마리를 놓쳤다는 표현을 쓰기도 한다. 독일어에서는 누군가의 생각이 비현실적이면, 그 사람이 물레를 돌리고 있다고 말한다. 반면 어떤 사실을 설명하기 위해 많은 생각의 가닥들이 필요할 때, 이 가닥들은 서로 무질서하게 움직여서는 안 되며, 서로 잘 받쳐 주고, 제자리에서 잘 엮여야 한다.

켈트의 꼬임 문양 혹은 짜임 문양을 그릴 때 요구되는 것은 바로 이런 종류의 사고다. 이 문양들은 박물관이나 도서관에서 아주 쉽게 찾을 수 있다.

3학년 때 연습했던 서로 교차하는 형태가 꼬임 문양을 그리는 밑바탕이 된다. 아마도 도움선을 이용해야 할 것이다. 필요하면 먼저 도움선으로 원을 그린 다음, 아주 흐리게, 또는 아주 연한 색의 크레용으로 형태를 먼저 그리고, 비로소 진한 색으로 선이 위, 아래로 교차하는 것을 그린다. 아이들이 꼬임 형태를 어느 정도 그릴 줄 알게 되면, 유독 빠르게 잘하는 아이들에게는 도움선 없이 꼬임을 그릴 수 있는지 한번 해 보라는 특별한 과제를 준다.

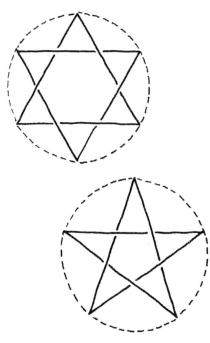

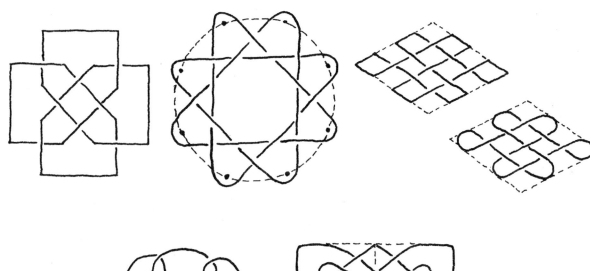

한 색 크레용으로 선의 꼬임을 그리는 단계에서 아이들은 숨도 안 쉬고 작업에 몰두하곤 한다. 어떤 아이들은 집에서 혼자 꼬임 문양을 그려오기도 한다.

두 가닥에서 네 가닥까지의 짜임은 처음부터 도움선 없이 그릴 수 있다. '가닥'마다 색을 다르게 써도 좋다. 가닥을 꼬는 방법은 다음 그림에 잘 나와 있다. 교사가 다섯에서 여덟 가닥 정도의 실을 엮을 줄 알면 좋다. 실의 수가 늘어나면 어떻게 되는지 알고 싶어 하는 아이가 있기 마련이다. 일단 네 가닥으로 실을 꼬는 것에 익숙해지면 다섯, 여섯, 일곱, 여덟 가닥으로 꼬는 것은 그다지 어렵지 않다. 눈에 보이는 실의 수가 더 많아질 뿐, 진행 방식은 똑같기 때문이다.

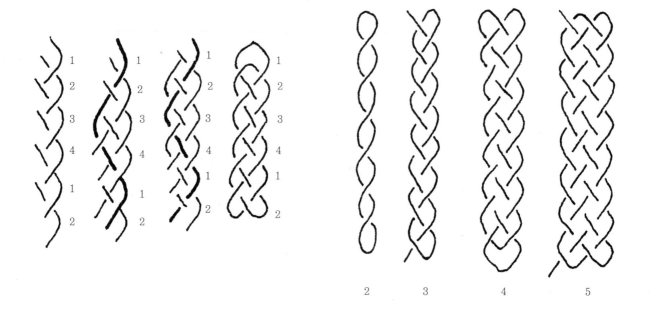

2   3   4   5

다음의 그림들은 사고의 유연성과 주어진 형태를 변화된 관계 속
에서 시각화하는 힘을 키우기에 좋은 연습이다. 종이를 돌리지 않고
주어진 모티브를 여러 방향에 그려야 한다. 단순한 형태는 1학년 때
부터 연습할 수 있다. 그런 다음엔 형태를 가로띠 모양으로 배열하지
않고 원형으로 돌려본다. 이때는 원 모양 도움선 뿐만 아니라, 원의
반지름도 필요한 만큼 그려서 이용한다.(짜임 형태로 그려 볼 수도 있다)

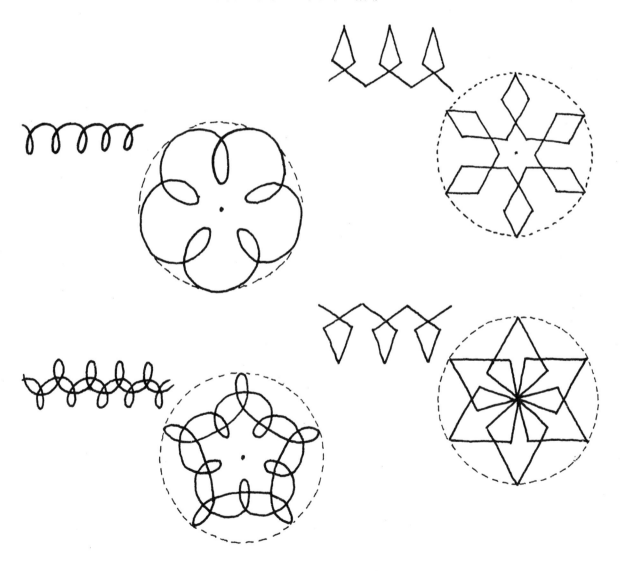

저학년 때부터 선과 선 사이의 관계를 연습한 효과는 이처럼 복잡한 문양을 그릴 때 확실히 나타난다. 맨손기하나 다음 연습들(오른쪽 그림)에서도 마찬가지이다. 아이들은 빠르면 1학년 때부터 이런 형태들을 움직임으로, 또는 곡선 형태를 직선 형태로 변형시키는 연습으로 배워 왔다. 4학년이 되면 수학 시간에 분수를 배우면서 다시 이 형태를 그린다. 하지만 이때는 형태 안에서 분수의 비율이 한눈에 보이도록 정확히 그리는 것이 무엇보다 중요하다. 머리로만 이 개념을 이해해서는 안 된다. 비율에 대한 느낌이 아이들 내면에서 자라게 해야 한다.

첫 번째 그림에서 높이와 너비는 1이다. 선의 길이 및 선 사이의 거리도 같다.(1/1)

두 번째 그림에서 높이와 너비는 1(2/2)이다. 하지만 짧은 선 세 개의 길이는 각각 1/2이며, 선과 선 사이의 거리도 모두 1/2이다.

세 번째 그림에서 높이와 너비는 1(3/3)이다. 아래로 내려가는 선의 길이는 2/3이고, 짧은 세 선은 모두 1/3이다. 다시 아래로 내려가는 선은 2/3이며 다음 모양으로 이어지는 긴 선은 3/3(1)이다. 짧은 선과 선 사이의 거리는 모두 1/3이다… 등등.

아이들은 여전히 그림을 그릴 때 서서 큰 종이에 밀랍 크레용을 사용하여 그리며, 한 시간에 두 개 이내의 형태만 그려야 한다. 처음에는 간신히 보일 정도로 흐린 선으로 그리는 것이 좋다. 균형이 맞는지, 전체적인 디자인이 잘 그려졌는지, 크기와 종이의 위치가 옳은지 보고 고치기 위해서다.

어느 정도 이 형태들을 연습하고 나면, 교사는 연습한 것을 칠판에 붙여 아이들이 서로의 그림을 보면서, 선과 선 사이의 관계, 선과 여백 사이의 관계를 관찰하게 한다.

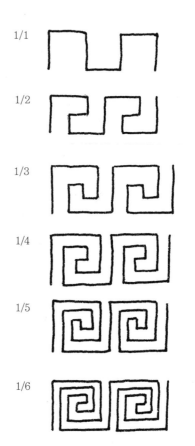

1/1

1/2

1/3

1/4

1/5

1/6

한스 니더호이저는 이 책 1부 Ⅲ의 '기하학 도입'에서 형태그리기가 기하학으로 이어지는 과정을 자세히 서술했다. 저학년에서 여러 가지 각과 곡선을 연습할 때, 교사는 조금씩 관찰하는 연습과 관찰한 내용을 의식적으로 사고하는 연습을 하게 한다. 이런 관찰하기–사고하기 과정은 6학년 때 시작하는 다른 과목들의 토대가 된다. 사실 이는 모든 과학자의 기본자세이며, 다른 영역에도 도움이 된다. 예를 들어, 6학년에서 아이들은 그림자에 대해 배운다. 슈타이너에 따르면 빛을 비췄을 때 원뿔에 얹힌 구의 그림자가 어떻게 보이는지를 아이들이 마음속에 떠올릴 수 있어야 한다. 아이들에게 상을 '떠올리게 하기' 위해 빛과 그림자 실험을 해야 한다는 뜻이 아니다. 여기서 말한 시각화는 사고과정이어야 한다. 사실 어떤 실험이 적도나 북극에서 그림자가 어떻게 생기는지를 이해하게 할 수 있을까? 형태그리기는 분명히 사고력과 시각화 능력을 키우는 데 도움이 된다.

5학년 아이들에게 줄 수 있는 옆의 연습은 시각화와 공간 속 방향감각을 훈련한다. 예를 들어 교사는 그리스 문양을 리본 형태로 칠판에 그린 다음(그림 a) 아이들에게 질문한다. "이 그림을 그린 사람은 어느 위치에서 띠를 보고 있을까요?" 정답(오른쪽 모퉁이 위)이 나오면 그 답을 말한 아이에게 왜 그런지 설명해 보라고 한다. 그런 뒤, 아이들에게 똑같은 도안을 다른 방향에서 보는 그림(그림 b, c, d)을 칠판 위에 그려 보게 한다.

5학년에서 하는 대칭 연습도 시각화와 공간 속 방향 감각을 배양시킨다. 대칭축을 가로지르는 형태를 주고, 그 대칭 형태를 그리게 한다.

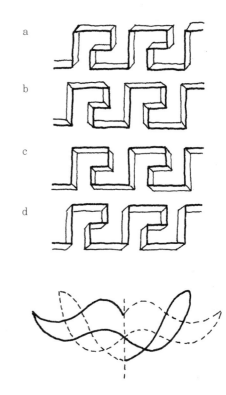

a

b

c

d

아니면 대칭축을 사선으로 가로지르는 형태(반대쪽으로 사선을 넘어가야 나머지 반쪽을 그릴 수 있는)도 그려 본다. 이때 직사각형의 틀과 중앙 수직축을 둘 다 그리면 방향 잡기가 훨씬 쉬워진다.

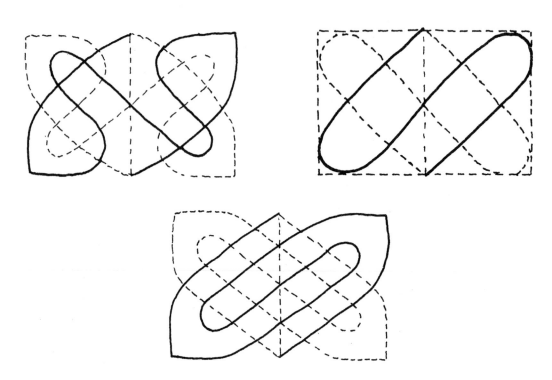

대칭축을 수평으로 그릴 수도 있다. 여기서도 대칭축을 가로지르는 형태를 제시하고 그 대칭 형태를 그리게 한다.

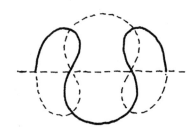

이어서 연습하는 다중 대칭은 한스 니더호이저가 그리스 신화와 관련해서 추천한 그리스 도안들을 중요한 본보기로 한다. 니더호이저가 제안했던 다른 연습들 역시 중요한데 먼저 형태를 주고 그에 적합한 외부 형태를 찾아보게 하거나, 외부 형태를 주고 거기에 상응하는 내부 형태를 찾아보게 하는 연습들이 있다. 이제는 한 형태가 다른 형태로 변하는 변형 연습을 할 때, 가끔 여러 단계의 변형 과정 중 단계 하나를 생략하고 아이들에게 그것을 생각해 보라고 할 수도 있다.

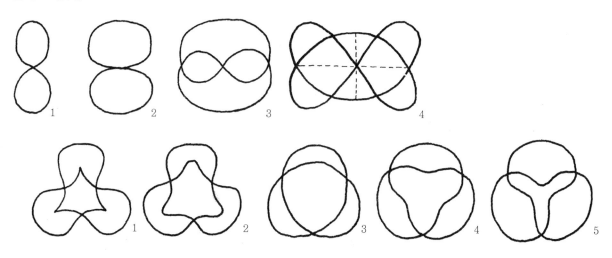

하나의 선으로 연결하여 그리기

이제 간단한 모티브를 가지고 원형 대칭 연습도 해 보자.

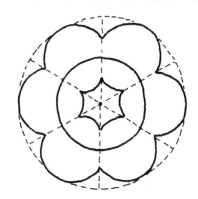 

과학자들이 역위inversion라고 부르기도 하는 원형 대칭은, 형태를 둘러싸고 있는 원이 그 형태가 반사된 원통형의 거울이라고 가정하는 것이다.(칼 캠퍼는 자신의 저서 『건축』에서 루돌프 슈타이너의 인장 몇 개를 가지고 이 연습을 했다. 이 책에는 우리들의 상상력을 자극하는 좋은 도표, 그림, 삽화들이 많이 실려 있다)

꼬임 문양 연습도 계속 해야 한다. 5학년을 위한 '특별한' 알파벳은 직선과 각을 결합한 형태다.(3학년 과정 안내 참조) 지금까지 상응 연습을 충분히 해 왔다면 이제는 아이들이 만들 수 있을 것이다.

여러 해 동안 형태그리기를 했던 아이들은 기술적인 능숙함 이상의 많은 능력을 갖추게 된다. 형태의 관계에 대한 감각은 기하학에서 빛을 발할 것이고, 예리한 관찰력은 과학과 예술사, 예술 전반을 공부할 때 큰 자산이 된다. 또한 형태그리기는 잘 어울리는 것과 어울리지 않는 것을 볼 줄 아는 안목을 높게 해 줄 것이며, 살아 있는 사고하는 힘과 집중력이 생기게 할 것이다. 자연 현상에 대한 경외심, 열정, 아름다움에 대한 감각, 최선에 대한 욕구, 책임감 등 인간으로서 갖추어야 할 기본적인 자질이 아이의 살아 있는 일부가 되게 하려면, 어렸을 때 그 씨앗을 심어야 한다. 저학년부터 연습했던 형태그리기가 이 목표에 도움을 줄 것이다. 전 세계 발도르프학교 교사들이 형태그리기의 무한한 가능성을 잘 활용하여 아이들이 온전히 통합된 인간으로 성장할 수 있도록 도울 수 있기를 희망한다.

켈트 문양

예제 더 보기

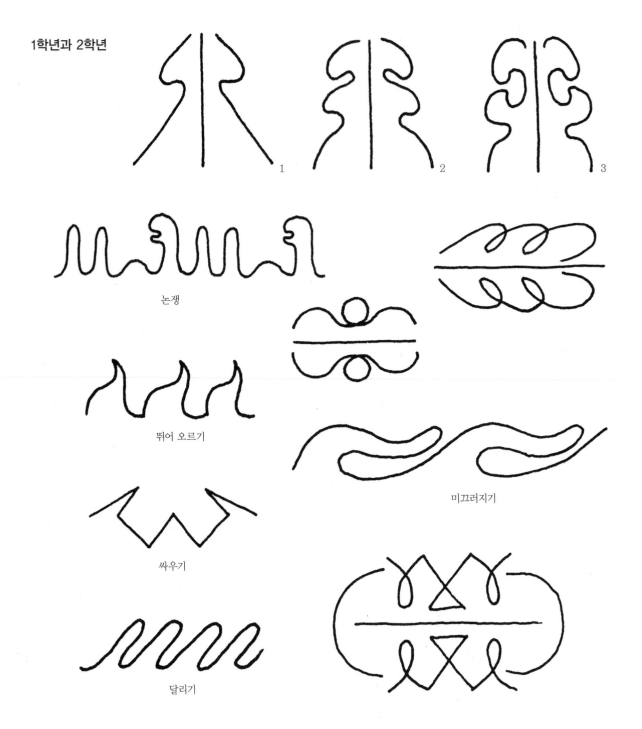

논쟁

뛰어 오르기

싸우기

달리기

미끄러지기

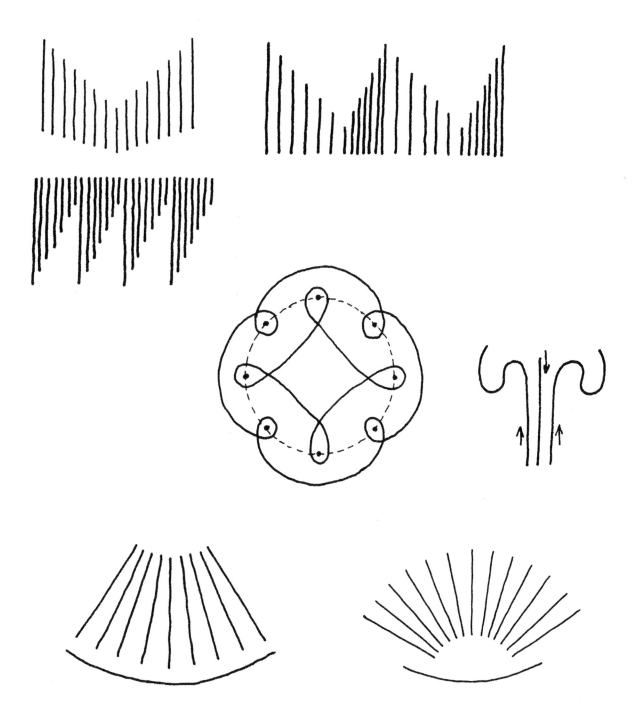

3학년

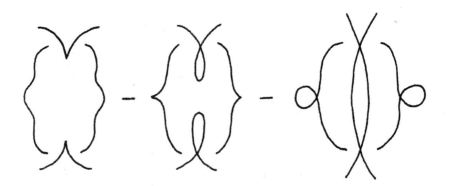

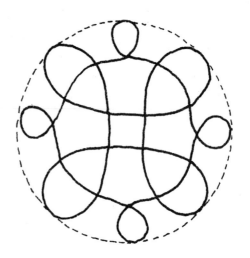

사방 대칭 연습　　　　　대칭축 없이 사방 대칭 연습